U0896465

青春读写课

吹动心灵的四季

石恢 编著

天地出版社 | TIANDI PRESS

图书在版编目（CIP）数据

吹动心灵的四季 / 石恢编著. — 成都 : 天地出版社, 2022.6
（青春读写课）
ISBN 978-7-5455-7035-9

Ⅰ. ①吹… Ⅱ. ①石… Ⅲ. ①阅读课—中学—教学参考资料
Ⅳ. ①G634.333

中国版本图书馆CIP数据核字（2022）第059866号

CHUIDONG XINLING DE SIJI

吹动心灵的四季

出 品 人 杨　政
编　　著 石　恢
责任编辑 杨　露
装帧设计 今亮後聲 · 王秋萍
内文排版 四川最近文化传播有限公司
责任印制 王学锋

出版发行 天地出版社
（成都市锦江区三色路266号　邮政编码：610023）
（北京市方庄芳群园3区3号　邮政编码：100078）
网　　址 http://www.tiandiph.com
电子邮箱 tianditg@163.com
经　　销 新华文轩出版传媒股份有限公司

印　　刷 北京文昌阁彩色印刷有限责任公司
版　　次 2022年6月第1版
印　　次 2022年6月第1次印刷
开　　本 660mm × 920mm 1/16
印　　张 15
字　　数 174千字
定　　价 39.80元
书　　号 ISBN 978-7-5455-7035-9

咨询电话：（028）86361282（总编室）
购书热线：（010）67693207（营销中心）

如有印装错误，请与本社联系调换。

编写说明

青春期是人生中最美妙的一个时期，同时又是一个充满神秘感的成长过程。成长中的青少年有憧憬也有烦恼，他们在眼花缭乱的世界里，会面临各种肯定与否定，会随之产生自信与茫然等各种复杂的情绪。因此，在这个时期，他们最为重要的功课，就应该是阅读。只有通过阅读，他们才能走向自我深处，走向外面广阔的天地。

“青春读写课”这套书就是为这个年龄阶段的孩子们编写的，而这个年龄阶段的孩子大多都还是初中阶段的学生。《义务教育语文课程标准（2022年版）》中，要求学生“多读书、好读书、读好书、读整本书，注重阅读引导，培养读书兴趣”，并要求教师“从中外各类优秀文学作品中选择合适的读物，特别是反映革命文化和社会主义先进文化的作品，向学生补充推荐”。

新的阅读教育方向，不再是简单考查阅读文本中的知识或主题，而是更着重于对阅读的理解与日常的积累加以考查，提升在具体的情景中思考和感受的能力，注重整合与阐释，思维的过程，信息的加工整理以及迁移和运用。这意味着，广泛的阅读将成为整个语文教育的根基。

2022年版新课标改革还明确提出了设置三个层面的学习任务群的要求。其中第一层设“语言文字积累与梳理”一个基础学习任务群；第二层设“实用性阅读与交流”“文学阅读与创意表达”“思辨性阅读与表达”三个发展型学习任务群；第三层拓展性学习任务群，包括“整本书阅读”“跨学科学习”。

因此，这套书从提高“核心素养”的要求入手，以“专题阅读”学习任务群的方式，选取古今中外经典篇目，对读写进行整合。无论是选文还是阅读目标，都紧紧围绕着“文化自信”“语言运用”“思维能力”“审美创造”这四个目标方向，以帮助学生根据不同的阅读目的，综合运用精读、略读与浏览等方法，提升语言运用能力，加深思想深度，学会处理文本中的多种信息，并最终落实为引导学生的写作输出。

这套书由三分册构成，分别由不同的人文主题构成“专题阅读”学习任务群。其设置以初中部编语文教材为依据，在内容主题上有所对应，帮助学生实现从课内阅读到课外阅读的视野拓展与主题深化，让学生在阅读的过程中，产生探究与教材相关联的内容的热情和兴趣，顺利实现从阅读走向写作。

由于篇幅的限制，我们对有些选录的内容不得不做部分删节，选文根据语言文字标准和规范，略有改动。

本书编写过程中采用了许多师友的著作或译文，成书之时，仍有少数作者和译者未能取得联系。我们将会继续努力寻找，同时也诚挚地希望这部分作品的版权所有人见书后与我们联系，以便奉上稿酬和样书。

编著者
2022年4月

目录

春天的遐想

风的故事

夏日的期待

雨的诉说

秋天的况味

浮云之歌

冬日漫步

雪的回忆

心灵的四季

春天的遐想

春消息

吴冠中

导读

在专业画家眼里，春天的消息是什么呢？原来，春天的消息就是一幅幅理想的图画。

作者吴冠中（1919—2010），当代著名艺术家，精通中西绘画，有艺术论著《东寻西找集》《风筝不断线》《天南地北》等。

故乡人说："春暖花开时回来吧！"我于是几乎每年要回江南去探问春消息。但不能等春暖花开的季节，总要赶在春寒料峭之前，杨柳还刚刚吐出点点新芽，枝（线）与芽（点）织成薄薄的幕纱，正如诗中说："柳如烟"。俏，往往近乎"瘦"，我见江南俏，我爱画早春或晚秋季节的江南。脱去遮掩的叶，树充分显示出身段之苗条，从棉衣而单衣而裸体。美的裸体值得骄傲。

苏州留园里一堵墙上爬满了爬山虎，一直爬上山墙的最高处。偌大的爬山虎构成了纵横交错的线世界，缠绵纠葛理不清，层层叠叠中更织有无数代的筋骨与发辫，遥远且悠久。然而线运动之奔放又被约束在墙之身段裁剪中，不肯冲破居屋之雅致，而葆其江南之娟秀，有异于黄河咆哮决堤闹泛滥。曲状之线横向发展，与墙之横向平行；垂线如雨，洒满江天，对照了横线，并在明如观火之线结构中引入了朦胧。

藤爬上了墙，满墙张渔网，满墙布经络，满墙是图画。画家的职业被挂在墙上，有了墙才想起画。这风雨中的素墙是理想的画面，画家疏忽了，被爬山虎抢先占领，爬山虎得意忘形化成爬山龙，墙舞龙蛇。

我忘记探听春消息，但并不希望春暖花开得太早，愿留住点点新芽！

写作学习

作者在第一段里说自己“爱画早春或晚秋季节的江南”，首先表明了自己对于春天的态度，接着重点描写了江南苏州留园里一堵墙上的爬山虎。

在画家的眼里，爬山虎构成了“线”的世界，“层层叠叠中更织有无数代的筋骨与发辫”“垂线如雨，洒满江天，对照了横线，并在明如观火之线结构中引入了朦胧”，作者因此认为：“藤爬上了墙，满墙张渔网，满墙布经络，满墙是图画。”

作者总赶在春寒料峭之前回到故乡，是希望“若到江南赶上春，千万和春住”（王观《卜算子·送鲍浩然之浙东》），所以原本是要“探听春消息”，但现在却为苏州留园的藤条痴迷。

由于爬满墙的藤条并没有长出绿叶，所以作者称这堵墙是“素墙”，墙舞龙蛇，只有点点的新芽。这其实也正是作者寻得的春消息。

回想春天的气味

唐敏

导读

春节期间，作者打开了一本童话书。于是，书中的世界与作者身处的现实世界发生了不协调的冲突。而顺着书中的春天，作者出人意料地找寻到自己内心的春天，那是童年时代关于春天的记忆，是深入记忆深处的南方春天的气味。

作者唐敏，1954年出生于上海，当代女作家。

我常常喜欢看童话书，在夜深人静的时候，看着孩子们的故事，依然是让我最高兴的事情。也许是没有孩子的缘故吧，我生命中的那个孩子就一直留在我灵魂里没有出去，我觉得不是我喜欢看童话，是留在我灵魂里的那个孩子想看。

春节期间，我在家里休息，拿出《小飞人卡尔松》来看。我很喜欢背上有螺旋桨、会飞的小胖子卡尔松，还有那些描写屋顶上夜景的文字。

我从阳台的窗户望出去，看到冬天黄昏的北京——覆盖着白雪的城市，显得很灰，从地面、屋顶到天空。在一片无法让人愉快的灰色里，一轮太阳黄澄澄地贴在西边的天上，很稀薄的感觉。尽管下了雪，空气还是那么干燥，这与我从小生活的潮湿的南方真是不同啊。到了深夜，再去遥望夜空，在彻骨的寒冷中，月亮光虽明亮，却毫无灵动的水汽，三两孤星也呆滞不动地嵌在空中。没有足够的水分，月光不会流淌，星星不会闪烁，美丽也就不会诞生了。

我想，北京这个地方，春天即使回来，也是干巴巴的，树叶也会生长，绿色也会满目，但是不会有水灵灵的活力。北京城里的杨柳树，那些绿色的枝条和细长的叶子，很像是用纸剪出来的，很干很脆，不带水分。

回到屋子里读“卡尔松”，书中的小男主角小弟，在夜晚时分凭窗眺望——

“这是一个明亮、美丽的春季夜晚，窗子敞开着。白色的窗帘随风慢慢飘动，好像在向春季空中闪亮的小星星挥手致意。”

读到这儿，好像春风已经拂面吹过了。

“这是一个明亮、美丽的春季夜晚，窗子敞开着。”明亮的原因是月光融融，气温也暖融融的，因为“窗子敞开着”，说明气温宜人。至于“美丽”么，那是小弟的感觉。

“白色的窗帘随风慢慢飘动”，那是春风在吹拂。

“空中闪亮的小星星”，说明了空气是多么湿润，星星才有可能闪烁起来。

这是春季多么好的画面，藏在一本给孩子看的书里。很多人使劲地赞美春天，用尽华丽的辞藻，却写不出如此真实的春天的美感。

就在那一个瞬间，我忽然回想起了小时候记住的春天的气味。那是童年时代，每到春天来了，寒冷消除，夏季还未到来时，在暖融融、湿漉漉的空气里，那种浓烈的春天的气味，让我一下子“回到从前”——南方的城市多雨，春季里总在下雨，过分的潮湿让小孩子们经常长疮，因为他们总是喜欢把脚泡在淤积着雨水的坑里。还有很多很多成长的烦恼，让孩子们忽略了春天。但是春天的气味真是太浓烈了，到黄昏与夜晚交接的时刻，那气味就灌满了大地和我们居住的房子的每个角落。

在温水般的气温中，那气味是潮湿的，带着野蛮的青草的生涩气息，带着各种树木散发的汁液的气味，带着阴暗水沟里闷闷的臭味，带着池塘里发出的腐烂的腥味，这腥味保留在池塘的鱼虾身上，使我很不爱吃它们。还有一种咸咸的气味是从高空中往下倾倒的，我当时不明白那是什么味道，成年后才知道，那是大海的气息。

当我闻到春天这种混合的气息时，觉得自己像糖块一样在溶化。厨房里传来做饭的气味，食物正在散发香气，使得空气更加混乱。天色昏暗，看不见纸上写的字了。于是就坐在那里闻春天的气味，晕乎乎地停止了大脑的活动。

接着，感觉到心在动了。那是一阵子被彻底消融的感觉，要过一会儿才回过神来，发现自己还在。

于是藏在记忆深处的、儿时的春夜又回到脑海里——

依稀可辨的是树冠的弧线，分出了天空和大地，在带着红晕的黑暗里，穿过门前树木的枝叶，看到不远处亮起了一些昏黄的灯光，这些不够明亮的灯光在池塘里扭动，拉出长长的线条，微风带来炒菜的声音和孩子们的叫喊，他们在为吃饭高兴呢。

回忆在慢慢变形，模糊，那混合的气味也变得不太确定。恰好因为记忆的模糊，春天更加美丽，不可形容。

写作学习

因为一直保持童心，所以才有可能对童话描写的美好世界保有浓厚的兴趣。作者对于童话书《小飞人卡尔松》的阅读，是贯穿本文的重要线索。书中简洁的文字的引用，既带给读者真切而温暖的美感，也为本文增添了行文的灵动与色彩。这一切，又与作者在现实中所感知的冬天形成了鲜明的对比。

书中湿润的春天，让作者深藏的童年记忆就这样被唤醒。

此外，关于内容，我们需要特别关注作者在写作上的过渡与转换。一直到本文的后半部分，我们才能理解本文的标题《回想春天的气味》。

“回想”是对于自己童年的沉浸，而“春天的气味”则是儿时的生活记忆，“那气味是潮湿的，带着野蛮的青草的生涩气息，带着各种树木散发的汁液的气味……”。作者在北京灰色、干燥的冬日黄昏里，联想到童话中美丽的春夜、故乡春天的气味和童年生活的自然美好，从中可以看出作者对故乡、童年、自然的热爱与依恋。

书中虚构的世界和作者对于过去童年光阴的拥抱，是作者拥有诗意生活与温暖内心的力量的源泉。

春游湖

宋・徐俯

导读

徐俯的这首小诗，极有韵味，给人一种清新开朗的感觉。此诗在当时颇为流传，南宋诗人曾称赞："解道春江断桥句，旧时闻说徐师川。"

作者徐俯（1075—1141），宋代官员、诗人，江西诗派著名诗人之一。

双飞燕子几时回？
夹岸桃花蘸水开。
春雨断桥人不度，
小舟撑出柳阴来。

成双成对的燕子是什么时候回来的呢？两岸的桃花像贴着水面盛开。

春雨绵绵让湖水上涨，将桥淹没，游人不能过河。正在游人犯难之时，一条小船从柳荫深处慢慢驶了出来。

- 夹岸：水的两岸。
- 蘸水开：湖中水满，两岸的桃花好像是贴着水面开放。
- 断桥：被水淹没的桥。
- 度：通“渡”，通过，走过。

写作学习

这首诗以清新的笔意写出了江南水乡特有的风光，破除千篇一律的手法，让千百年来的读者仿佛也感受到驶出的小船带来的喜悦。

诗的后两句尤为著名，由桥断而见水涨，由舟小而见湖宽，充分体现了中国诗歌艺术的两个重要审美特点：一是写景在秀丽之外须有幽淡之致。桃花开、燕双飞，固然明媚，但无断桥，便少了逸趣。二是以实写虚，虚实相生。小舟驶出柳荫，满湖春色已全然托出。

前人认为此诗中的“蘸”字用得极其巧妙，恰如其分地表现了桃花依水的状态。“春雨断桥人不度”不仅暗示了这天是绵绵春雨之后的晴天，使“燕子双飞”有了物候的意味，夹岸的桃花更显出了雨后的鲜红欲滴，而且映照了“蘸”字，因为水涨高了，岸边桃树半浸水中，所以桃花才贴着水面怒放，映得水上也一片嫣红。“人不度”点出环境的幽静，与“小舟撑出”形成对比，动静相生。

春天

［美］卡拉·库斯金

导读

这是美国当代女诗人、插画家卡拉·库斯金（1932—2009）歌唱春天的咏叹调。春天来临的时候，大地上的一切事物，都焕发出勃勃生机。诗人把“我”比拟为春天，高调地宣布春天已经降临大地。

我大声喊
我高声唱
我在树林里游荡
我在高空中翱翔
相伴的黑蜜蜂嗡嗡奔忙。

我就是太阳
我就是月亮
我就是玫瑰花瓣露与霜
我就是那只小兔
习惯抽耸着鼻子扮怪相。

我活泼漂亮
我可爱善良
我踢踏着高跟鞋
向着河里的鳗鱼大声叫嚷：
“来跳舞吧！”
草地还没有新的衣装
我们就在上面比试高强。

我是雀跃嬉戏的羔羊
我是闪耀欢跳的山羊
我是枝头萌芽
我是花的绽放
我是鸽子的飞翔
我是屋顶上的徜徉。

欢迎您，春之浩荡！

（石恢　译）

写作学习

在诗歌的第一节里，诗人把自己比拟为游荡的风、飞翔的鸟；

在第二节里，又把自己比拟为太阳和月亮，还是清晨的露与霜，是白天的小兔；第三节又变身跳舞的小姑娘；第四节里，又成了羔羊、山羊、新芽、花蕾……总之是一切春天里的事物。

“我大声喊，我高声唱”“我就是太阳，我就是月亮”，全诗由排比句一气呵成，气势磅礴，铿锵有力。诗人仿佛在奔走宣告：我就是春天！

但全诗最后的一句，却出现了一个意外的转换，“欢迎您，春之浩荡”。

原来，诗歌中前面所有的“我”，也就成了最后的“您”。那么这最后一句话，诗人是代表谁说的话呢？是我们苏醒的大地，也是我们人类，是我们在欣赏和赞叹着春天的美丽和春天的力量。

春天的遐想

［印度］泰戈尔

导读

《春天的遐想》是一篇在春天里感叹人与自然关系的文章。这里的选文节选自其中的后半部分。在原文的前面部分，作者首先从眼前的春天，写到了远古时代人与自然的和谐；再写到春天美好，今人却无法好好享受；接着是通过今昔的对比，抒发了自己对自然春光和自在心灵的热望。下面的选文，表达了作者厌恶俗务与物欲的思想情感，也向人类社会发出了呼吁，希望不正常的状况得到改变。

我今日承认我与树木有着源远流长的情谊。我不同意紧张地工作是生活中无可比拟的成功的观点。森林女神，自古是我们的亲姐姐，今天邀请我们这些小弟弟进入她的华堂，为我们描吉祥痣。在那儿我们应该像和亲人团聚那样与树木团聚，捧着泥土在凉荫下消度时光。我欢迎春风欢快地掠过我的心田，但不要卷起林木听不懂的心语。直至杰特拉月（印历12月，公历3月至4月）下旬，我把在泥土、清风、空气中濯洗、染绿的生活播布四方，然后静立在光影之中。

可是，唉，没有一项工作停止，文债的账簿在面前摊开着。落入世风的庞大机器和杂事的陷阱，春天来了，依旧动弹不得。

我向人类社会恳切地呼吁：设法改变这种不正常的现状！人的光荣不在于与世界的脱离，人伟大是因为人中间蕴藏世界的全部神奇。人在固体中是固体，在树木中是树木，在飞禽走兽中是飞禽走兽。自然王宫的每座殿堂对他是敞开的。但敞开又怎样！一个个季节从各个殿堂送来的请柬，人若不收下，一动不动地坐在椅子上，那博大的权利如何获得？做一个完整的人，须和万物浑然交融，人为何不记住这一点，却把人性当作叛逆世界的一面小旗，高高举起？为何一再骄傲地宣称“我不是固体，我不是植物，我不是动物，我是人。我只会工作，批评，统治，反叛”？为何不说“我是一切，我与万物不可分离。独居的旗帜不属于我”？

咳，社会的笼中鸟！今天，春天的蔚蓝如思妇的瞳仁中浮现的梦幻，树叶的葱绿像少女秀额似的新奇，春风像团圆的热望一样活跃，可你敛起翅翼，绕足琐事的锁链叮当作响。

这，就是人生！

（白开元　译）

写作学习

本文的选段，是原文的点题部分，集中表达了作者的思想。“我今日承认我与树木有着源远流长的情谊”是说明人类与大自然融为一体的关系。“我不同意紧张地工作是生活中无可比拟的成功的观点”是对今日人类生活方式的批判。人类总在忙忙碌碌，而无法享受春光和闲暇，因此作者呼吁“设法改变这种不正常的现状”。

“今天，春天的蔚蓝如思妇的瞳仁中浮现的梦幻，树叶的葱绿像少女秀额似的新奇，春风像团圆的热望一样活跃，可你敛起翅翼，绕足琐事的锁链叮当作响”，表达了作者对回归天地万物、回归心灵自由、回归纯真人性的热切向往和强烈渴望。

但是，人类就仿佛“社会的笼中鸟”，似乎难以有真正改变的前景。“这，就是人生”，作者最后的叹息，也是对现实无助的感喟。

全文从头到尾都是充满诗性的语言、意象和旋律。作者擅长将主观的情感注入客观物境之中，美好春景的一切，其实也都是作者抒发内心情感的载体。通过诗化的语言和抒情氛围的营造，作者将内心深沉的情感表达得真切而生动。

与泰戈尔对视

杨志芳

在我眼里，泰戈尔的名字是和《新月集》联系在一起的。这本淡蓝色封面、略显单薄、由郑振铎先生翻译的文集已伴我走过十几载春秋。正是这本不起眼的小册子敲启了我向缪斯女神靠近的钟。后来读到冰心老人译的《吉檀迦利》，仍感觉不如《新月集》写得盎然有趣。《金色花》《孩子天使》《云与波》……哪一篇不是一首和谐、动听的歌？

曾经见过他的一帧照片，是他一九二四年四月访问中国时，和当时一些知名作家的合影。长长的胡须，忧郁的眼睛，和善的面孔，如同我们熟悉并尊敬的一位长辈。而他的作品，无论你什么时候打开，也不论翻到哪一页，你都能瞬间进入那种感觉——泰戈尔的感觉。他为读者所构筑的，是一个洋溢着欢乐、倾心于爱的光明世界。《园丁集》《飞鸟集》《渡口》《爱者之贻》似乎是一盏盏明亮的灯，不知让多少失意者感到一丝温暖和感动。“散文和诗，于我来说，是亲姊妹，而不是婆婆和媳妇。”于是乎，他把小说、评论、书信糅合到散文诗中，更使作品带有丰富多彩的外在形式。《甘露》好似一篇小小说，《剧本》则是一篇戏剧评论，《洗衣女》犹如一幅人物素描。这种多体式散文令人耳目一新，就像给平淡无味的散文加点盐。泰戈尔的文章愈读愈有味道，愈读愈有情致。爱情、欢乐和光明是他歌唱的永恒主题，如同一部交响乐中反复出现的主旋律，倏高倏低，且急且缓，让你原本平静的心情不自禁地随拍跳跃。“光明，我的光明，充满世界的光明，吻着眼泪的光明，甜沁心腑的光明！呵，我的宝贝，光明在我的生命的一角跳舞；我的宝贝，光明在勾拨我爱的心弦。”如此诗意化的语言，怎能不让人为之倾倒、为之陶醉?

不仅仅是散文，他的随笔同样让人爱不释手。“我们来到这个世界上，不仅是要认识它，还要承受它。依赖知识，我们可能会变得强有力，然而，只有依赖同情，我们方能获得完善。”怀着一颗同情的心，他在《一个艺术家的宗教》一文中提出“艺术家应该提醒世界”的观点：一个真正的艺术家应敢于宣布自己的信仰是永生不灭的“是”，相信有笼罩并渗透大地的理想，它是万物寓于其中并在运动的终相和真实。在回答“艺术是什么”时，他认为“艺术即人的人格”。在他看来，艺术的功能在于建造人类“真正的世界”——生气勃勃的真与美的世界。把艺术升华到人格的高度，这在今天看来仍具有非凡的意义。一个艺术家若没有高尚的人格，充其量不过是“伪艺术家”而已。泰戈尔以他自身的行动证明了他无愧于“印度诗圣”这个称号。只有人格与艺术相结合，道德与才华相统一，才会赢得后人的尊敬和纪念。鲁迅、朱自清、巴金等名作家之所以受人仰慕，缘由也大致于此。

每每阅读泰戈尔的作品，总有一种舒畅无比的感觉，似乎一股清新的风拂过我的脸。在他面前，任何欺骗和隐瞒都逃不脱那双锐利无比的眼睛，还是让我们坦诚些吧，因为到最后我们才会突然发现，欺骗的往往是自己。我恍惚觉得这位大胡子老人就坐在我的对面，静静地看着我饥渴般扑在他的书上。读倦了抑或遇到不解的难题，他便微笑着、语调平和地作着回答。这真是阅读者的幸福。

与泰戈尔对视，你会惊讶地发觉出自己的“小”来。无论是在文采上，还是在人格上，你都会明显感到这种差距的悬殊。但你不必自怯，更不必丧气，因为只要你伸出手，就会被另一双有力的温暖的手握住，他会带你前行。

风的故事

风的故事

詹岱尔

导读

短篇童话《风的故事》没有离奇的故事情节，只是采用拟人手法，塑造出一个性情温和、善良勇敢的“风儿”形象，全篇按夏、秋、冬、春的顺序，写出了风儿在不同季节的活动，让人感觉亲切而自然。这篇童话曾在1983年获得儿童文学园丁奖。

作者詹岱尔，笔名吴娜，1947年出生，当代女作家。

我走在田野上，风儿从后面追了上来，它调皮地打着旋儿，把我的头发弄乱。

我问：“风儿，你上哪儿去？”

风儿只是呼呼地叫着，不肯回答。

一个男孩丧气地过来了，眼里还挂着晶莹的泪。他想放风筝，可风筝偏偏不肯飞。

风儿轻轻地跑了过去，把风筝驮到背上。风筝高兴地摆动着两条长长的尾巴飞起来了。

孩子咯咯笑了：“好风呀，真是好风！”

我走到晒场上，黄灿灿的稻谷堆得像小山，人们却烦闷地仰着头。一片片乌黑的云彩，得意扬扬地盘踞在空中，它们把太阳遮住了。

风儿生气地从我身边擦过，“呼呼”地喘着粗气。

我问：“风儿，你上哪儿去？”

风儿顾不上回答，它挺着胸脯，向乌云冲去。

密布的乌云惊慌了，它们笨拙地撞来撞去。

风儿是这样的顽强，它鼓着腮帮，不停地吹，吹，吹。

终于，乌云顶不住了，它们慌忙地向四下逃去。灿烂的阳光像瀑布一样泻了下来，立刻充满了整个大地。场上的稻谷像金子一样闪光。

人们捋起袖子，把稻谷均匀地摊在平平的场地上，大声地赞叹道：“好风呀，真是好风！”

我在墙角看见几只苍蝇缩着肩膀在哀叹：“多冷呀，我们能熬过这漫长的冬天吗？”

“能！”一只不自量力的苍蝇还想为同伴打气，“我们一定要活下去，为了传播病菌的伟大事业。”

风儿愤怒地从我背后跃了过去，发出尖利的呼啸。

我问：“风儿，你上哪儿去？”

风儿阴沉着脸，并不回答。

它张开翅膀，凶猛地扫过高山，穿过丛林，刮过寂静的田野，卷遍了城市的大街小巷，在身后留下了一个冰冻世界，连松软的大地也突然变得严峻了。

我仔细看去，那几只苍蝇早就冻僵，包括那只说大话的。

风儿又过来了，轻易地把它们卷了起来，送进了垃圾箱。

一群孩子从温暖的屋子里冲了出来，他们举起双手高呼：“好风呀，真是好风！”

湖面冻得像一面圆圆的镜子，他们穿上滑冰鞋，像小燕子一样飞了起来。

风儿感动了，它低下头，用冰冷的嘴唇亲吻着他们，送他们每人一个红红的脸蛋。

我走在坚硬的冰块上，鱼儿在冰下抱怨：“什么时候才开冻？我们等得好不耐烦！”

风儿在背后轻轻地吹，它又变得温和了。它戏弄着树木光秃秃的枝干，也不管它们乐意不乐意。

我问：“风儿，你上哪儿去？”

风儿忍住笑，故意不回答。

“卡啦啦——”湖面上传来一阵沉闷的声响。

人们都高兴地挤了过去：

“开冰了！”

“开冰了！”

被剖开的冰块，自在地漂浮着。它们在一点儿一点儿地变小，最后，完全融进碧绿的湖水中。

绿莹莹的湖水，映出了白塔、红楼，映出了湖畔刚发芽的柳树、刚鼓苞的桃花，映出了一张张容光焕发的笑脸。

鱼儿欢快地跃出了水面，它们瞪着大大的眼睛，努着嘴巴。我能听懂它们的话，它们是在说：“好风呀，真是好风！”

我转着圈，四下寻找，风儿上哪儿去了？

路旁刚冒芽的小草儿，抿着嘴乐了，它说：“你朝前看。”

我看到了，风儿在跑，它欢快地打着滚，跑得多快呀！我要追上去，这次一定问清楚：“你到底要上哪儿去呀，风儿？”

写作学习

这篇童话具有抒情散文诗优美的特点，文中的“我”作为抒情主人公，是风儿的观察者和见证者。

全文分为四个部分。

第一部分写风儿把男孩的风筝驮在背上送去天上，让沮丧的男孩破涕为笑——这写的是夏季的风。

第二部分写风儿把晒谷场上面的乌云赶走，把金色的阳光洒向大地——这写的是秋天的风。

第三部分写苍蝇缩在角落里准备熬过冬季，风儿凶猛地扫过去，把苍蝇冻僵——这写的是冬天的风。

第四部分写风儿吹开湖面结的冰，让湖畔恢复了生命的活力——这写的是春天的风。

无论在什么季节，人们总会发出“好风呀，真是好风”的赞叹和欢呼。

风的故事

［海地］菲利普·托比·马塞林

导读

这是一篇具有典型民间故事结构的小说，同时也是对传统民间故事的颠覆性改写。传统的民间故事中，主人公通常都是善良和正义的化身，他会经历一些磨难，但最后总会得天助而成功。而在这篇《风的故事》中，主人公傻人得傻福，却并没有真正为民除害。

作者菲利普·托比·马塞林是海地当代著名小说家和诗人，是海地文坛“奋发的一代”作家的领袖之一。

大风刮了整整一夜，把蒂·琼的母亲曼西的果菜园搅得乱七八糟。天亮后，蒂·琼爬起来开门去看，玉米、香蕉全都倒了，像一缕缕湿头发似的贴在地上。

蒂·琼对母亲说：“妈妈，我知道风住在哪里，它就住在山上那座岩洞里。现在它正在睡觉，我趁这个机会去把洞口给它堵上，这样它就不会破坏你的果菜园了。”

说完，蒂·琼就准备了一大张软木树树皮，扛在肩上出发了。他走呀，走呀，走了很久，终于走到山洞前。风醒来了，一看见那张大树皮，就扑通在蒂·琼脚边跪下了。

“不要堵我的门，蒂·琼，我求求你，不要堵我的门！我送你一只会魔法的母鸡。你可以向它要金子；你要多少，它就给你下多少。”

“好，”蒂·琼回答，“把鸡给我吧。”

风把母鸡给了他，蒂·琼就高高兴兴回家去了。他走了很久，很久。后来，天黑了。蒂·琼走得很累，双脚疼痛。最后见到了一座茅屋，那里住着一位老太婆。

“晚上好，老奶奶！”蒂·琼对她说，“我走累了，我可以在你家过夜吗？”

“当然，蒂·琼，”老太婆回答说，她态度很和蔼，“你可以在这儿过夜。你就在我的铺上歇着吧。”

老太婆的面孔看起来挺善良。蒂·琼就把他的鸡交给了她，并提醒她要小心，不要叫人把鸡偷了去。

“这只母鸡会下金子。”蒂·琼对她说。

说完他就去睡了，一直睡到大天亮。他醒来的时候，老太婆把另外一只母鸡给了他。两只鸡一模一样，蒂·琼没有发觉鸡给调换了。他谢过老太婆，又上路了，最后回到了他的家。

“把风堵住了吗？”他母亲问他说。

“没有，妈妈。”蒂·琼回答，“它给了我一只会下金子的母鸡。”

“别瞎说了！”母亲吃惊地叫道。

蒂·琼命令母鸡下金子，可是它只给他拉了一摊屎。这可把他气坏了。

“妈妈！”他说，“风骗了我，明天我一定要把洞口给它堵上。”

第二天，蒂·琼又上山了。走到山洞口，风又在他脚边跪下了。

“不要堵我的门，蒂·琼！我求求你，不要堵我的门。我给你一头会魔法的驴子。你可以向它要金子；你要多少，它就给你拉多少。”

蒂·琼看了看它的眼睛，知道风不是骗他的。

“好，”他同意了，“把驴子给我吧。”

风把驴子交给了蒂·琼。他十分高兴，立刻动身回家。他走了很久，很久，天很快就黑了。蒂·琼觉得很累，双脚疼痛，他又一次在那位老太太家门口停了下来。

“晚上好，老奶奶！我走累了，我可以在你家再住一夜吗？”

“当然了，蒂·琼，你可以住在我家，就在我的铺上睡吧。”

蒂·琼把驴子交给她，并且提醒她千万要小心，不要叫人把驴偷去。

“这头驴会拉金子。”蒂·琼对她说。

说完他就去睡了，一直睡到第二天早晨。他醒来的时候，老太婆给了他一头驴子。这头驴跟他那一头完全一样，蒂·琼没有发现什么不同。他谢过老太婆，回家了。

“妈妈，”蒂·琼一进家门就叫道，“我没有堵风的洞口，它给了我一头会拉金子的驴。”

“我倒想看看！”蒂·琼的母亲不相信地说。

可是那驴只给他拉了一堆粪，蒂·琼气得不行。

“妈妈！”他叫道，“明天我非把风的洞口给它堵上不可。这一次我绝不客气！因为它又骗了我。”

第二天，当蒂·琼走到山洞时，风又在他脚边跪下了。

“不要堵我的门，蒂·琼！我求求你，不要堵我的门！我给你一根会魔法的棍子。你只要对它说声‘蒂基蒂’，它就会给你变出金刚钻来……你想要的一切金刚钻。”

“好吧，”蒂·琼回答，“把棍子给我。不过，你要是再骗我，你可没有好结果。”

然后他就回去了，途中又住在那位老太婆家，把棍子交给了她。

“这一次，老奶奶，”他提醒她说，“你千万要小心。使用这根棍子的人只要对它说‘蒂基蒂’，他就能得到金刚钻，要多少都行。”

“可是你怕什么呢？”老太婆回答说，“你曾经把母鸡和驴子交我看管，难道我没有还给你吗？”

“不错。”蒂·琼回答说。

说完他便去睡了，很快就睡着了。过了一会儿，老太婆就对那根棍儿说：“蒂基蒂！”

但是，那根棍儿非但没有给她金子，反而对着她劈头盖脸打起来。蒂·琼也被惊醒了。

“出啥事啦，老奶奶？”他问道。

“救救我吧，蒂·琼，快来救救我吧！”老太婆喊道，“我不过对这根棍子说了‘蒂基蒂’。你瞧，它就要把我打死了。快来救我！我一定把母鸡和驴子还你。”

蒂·琼还没有来得及去救她，那棍子就一下打在老太婆的太阳穴上，把她打倒在地，老太婆死了。

蒂·琼赶忙跑到院里，捉了他的母鸡，牵了他的驴子，把棍子夹在腋下，胜利地回家了。

就是由于这个缘故，蒂·琼没有把风的洞口堵上；也是由于这个缘故，风才横冲直撞，破坏着海地贫苦农民的劳动果实。

（朱景冬　译）

写作学习

在这个故事里，主人公蒂·琼几乎就是一个傻乎乎的孩子。因为“风”破坏了自家的果菜园，所以他要去把风的出口给堵上。可是风给了他好处，他就马上妥协了，放弃了之前的目标。同时蒂·琼又是一个单纯的孩子，所以他每次都要被老太婆欺骗。这样一个傻得可爱的孩子，也同样获得天助，增加了故事的趣味性。

那个“风”也被赋予了人性，前两次都给了蒂·琼真正的好处，却不料总不能满足对方，于是第三次起了杀心，这也是传统童话故事中常有的对贪心不足的人的惩罚。但阴差阳错的是，真正贪心不足的老太婆，果然受到了惩罚，而蒂·琼则因为人傻而获得了傻福。所以这也是一个坏人终将受到惩罚的故事。

故事的最后说：“也是由于这个缘故，风才横冲直撞，破坏着海地贫苦农民的劳动果实。”在这个民间故事的外壳下面，隐藏了作者真正的当代人文关怀，一个传统的民间故事，也因此具有了罕有的历史深度。

观风

［英］罗杰·阿斯克姆

导读

本文作者的“观风”，是通过冰雪天的早晨，飞雪飘舞的动态情形来呈现风的状态，作者有机会在这样一个阳光明媚的早晨，将风吹飞雪的奇妙景象，观察得如此细致，并进行了详细的记录，自然是一次非常难得的体验。这不仅增添了作者关于风的感性知识，也使他对“风的属性”有了更清楚的了解。

作者罗杰·阿斯克姆（1515—1568），英国著名人文主义学者及作家。

观风，一个人要用眼睛来看，那是不可能的，因为风的属性如此虚无而又缥缈，不过有一回我却得到了这种亲身体验。

那是四年前大雪飘落的时分。我骑马经过洼地上段通向市镇桥的大路，两旁的田野一望无际，积雪盈尺，前一天夜间凝结起薄薄的霜冻，所以地面的积雪变硬结冰了。早晨阳光普照，灿烂明媚，朔风在空中呼啸。马蹄阵阵踏过，大路上的积雪就松散开来，于是风吹雪飘，席卷而起，一片片滑落在田野里。

彻夜霜寒地冻，田野也变硬结冰了，因此那一天风雪飞舞，我才有可能把风的属性看得清清楚楚。

而且我怀着十分喜悦快乐的心情把它铭记在心，如今我更是记忆犹新。时而风吹过去不到咫尺之遥，极目远眺，可以看见风吹雪花所到之处；时而雪花一次就飘过半边田野。有时雪花柔缓泻落，不一会儿便激扬飘舞，令人目不暇接。

此时的情景我也有所感知，风过如缕，而非弥漫天地。原来我竟看到离我二十来步的一股寒风迎面袭来，然后相距四十来步的雪花没有动静。但是，地面积雪越来越多之后，又有一缕雪花，就在同一时刻，同样地席卷而起，不过疏密相间。一缕雪花静止不动，另一缕则疾飞而过，时而越来越快，时而越来越慢，时而渐渐变大，时而渐渐变小，纵目望去，尽入眼帘。

飞雪不是劈面而来，而是忽而曲曲弯弯，忽而散漫交错，忽而团团旋转。有时积雪吹向空中，地面一无所遗，不过片刻又会笼盖大地，仿佛根本没有起风一般，旋即雪花又会飘扬飞舞。

令人叹为观止的是，两股飘然而来的雪花一起飞扬，一股由西向东，一股北来东去。借着飘雪，我看见两股风流交叉重叠，就像是在两条大路上似的。再一次，我竟听见空气中风声吹过，地面一切毫无动静。

当我骑到万籁俱寂之处，与我相隔不远的地方积雪竟是无比奇妙地向风披靡。这番体验使我更为赞叹风的属性，而不只是使我对风的知识有所了解；不过我也由此懂得了风中的人们打猎时失去距离不足为奇，因为风向变幻不定，视线便转向四面八方。

（杨自伍　译）

写作学习

风是无法用眼睛来观看的，正如本文作者所说，“因为风的属性如此虚无而又缥缈”，但我们却可以通过观察风所带来的物理位置的改变，来感知和认识到风的存在。正如唐代诗人李峤通过“解落三秋叶，能开二月花。过江千尺浪，入竹万竿斜”来写风，也如唐代诗人虞世南通过“逐舞飘轻袖，传歌共绕梁。动枝生乱影，吹花送远香”来写风，其共同特点是都通过其他事物的动态变化来写风的形态。

以有形之物，写无形之风，这在古今中外的诗文中，几乎都是主要途径。因此从这种意义上说，“观风”其实也并非如本文作者所说，是“不可能的”事情。

作者通过认真观察，细致描述了雪花在风中飞舞的情况，同时他把所看到的这一切归结为“风的属性”。从作者的描述来看，他所谓“风的属性”无比奇妙：

风可以忽远忽近，可以时缓时急。

风过如缕，而非弥漫天地，一缕缕的风可以不同的速度，分别而至。

风带着飞雪，不是劈面而来，而是忽而曲曲弯弯，忽而散漫交错，忽而团团旋转。

风可以是两股相向而来的风流，交叉重叠；风在空中吹过，地面却可以毫无动静。

风

唐 · 李峤

导读

我们在小学语文课本中，就已经学过了唐代诗人李峤的《风》："解落三秋叶，能开二月花。过江千尺浪，入竹万竿斜。"但李峤的另一首题为《风》的诗恐怕就鲜有人知道了。现在，让我们一起来读一读吧。

作者李峤（644—713），唐代诗人。除这两首《风》外，还有《日》《月》等诗颇为有名。

落日生蘋末，摇扬遍远林。
带花疑凤舞，向竹似龙吟。
月动临秋扇，松清入夜琴。
若至兰台下，还拂楚王襟。

落日时分，风起于蘋叶之尖，摇曳晃动遍及远方树林。它吹起了落花，让人以为是凤在飞舞。它吹响了竹林，像是传说中的龙在吟唱。

风吹拂着月亮，夜间的月亮像是在秋扇下摇动。风吹拂着松林，安静的松林仿佛传来深夜的琴鸣。如果风到兰台的下面，还会吹拂起当年楚王的衣襟。

- 蘋末：蘋叶的末梢，实指水面。蘋，一种水中植物，叶四瓣，浮水面。
- 兰台：战国时期楚国的台名，其上建有宫殿。
- 襟：指衣服的胸前部分。

写作学习

如果我们读过战国时期宋玉的《风赋》，就更容易理解了这首诗。

“落日生蘋末”，落日时分，风起于蘋叶之尖。此句来自《风赋》中的“夫风生于地，起于青蘋之末”一句，意思是风在大地上生成，从青蘋这种水草的末梢开始兴起。

“若至兰台下，还拂楚王襟”，这句诗的典故也是来自《风赋》，原文是：“楚襄王游于兰台之宫，宋玉、景差侍。有风飒然而至，王乃披襟而当之。”意思是楚襄王在兰台宫游玩，由宋玉、景差陪同。一阵风飒飒吹来，楚襄王就敞开衣襟迎着吹来的清风。所以诗中说，如果风吹到了兰台上，还会吹拂起当年楚王的衣襟。

李峤的这首《风》（落日生蘋末），与我们之前在课本中读过的那首《风》（解落三秋叶），在写作手法上有明显的相似之处。“带花疑凤舞，向竹似龙吟。月动临秋扇，松清入夜琴”，也是以有形之物，状无形之风。

风是什么颜色的

［英］查理·兰保夫

导读

一个盲童非常天真地问爸爸：风是什么颜色的？当它吹动我的头发时，是不是也在吹您的头发？《风是什么颜色的》讲述一个天生残障的孩子，正在试图以自己的方式，感知这个世界，想象这个世界。在平静而单纯的自问自答中，一种无比深切的父爱正缓缓流淌。这是英国歌手查理·兰保夫的成名歌曲。

爸爸，风是什么颜色的
它是黄色、红色，或者蓝色的吗
爸爸，当它吹动我的头发
是否也在吹您的头发
当它停息下来，颜色会不会减退
那些温柔的和风，是浅色调的吧
就像它的朋友大海一样吧
我觉得，风应该是蓝色的吧

爸爸，当山鸟开始唱歌
花儿也能听见吗
爸爸，当它倾吐心事时
告诉我，玫瑰会做什么
它们会把芳香撒向空气吗
或者芳香就是祈祷中的玫瑰吧
感谢上苍
因为山鸟是为爱而歌唱

吹吧，风呀，你吹吧
奔放而自由地吹
我的爸爸说了
你非常像我
我知道每种颜色
它的形状和大小
我也见过所有的颜色
通过我爸爸的眼睛

爸爸，我知道草是绿色的
我用脚趾触碰过它
爸爸，雪是纯洁的白色
我用鼻子感觉过它
但是我最喜欢的颜色
是您对我爱的颜色

爸爸，您说过

爱总是金灿灿的颜色

（石恢　译）

写作学习

歌词中这个自问自答的孩子是一个盲童，他看不见任何东西，不知道什么是真正的颜色，所以他才会问爸爸风是什么颜色。因为他能感觉到风，但看不到，所以他想知道风是什么样子。

孩子对颜色的认识，由于无法通过视觉来完成，他只能通过听觉、嗅觉和其他感觉来完成。他对风的强弱停息是知道的，对玫瑰的芳香是知道的，他还用身体触碰过草和白雪，因此，每一种颜色，他的爸爸一定都对他有过描述，所以他会说“我也见过所有的颜色/通过我爸爸的眼睛”，他对事物的知觉，更主要地集中在关于形状和大小的想象上。

这首歌的歌词采用了一个盲童的语言，孩子单纯，对事物充满好奇，也充满向往，这也说明他一直保留着儿童的天性。他的自问自答，体现出了父亲对残疾儿童的无限关爱和呵护。所以孩子会在最后对爸爸说，“我最喜欢的颜色/是您对我爱的颜色”，而“金灿灿的颜色”是太阳的颜色，是金子的颜色，说明爸爸是以最珍贵的事物来让孩子理解爱的。

用歌声坚守梦想

石柠

查理·兰保夫以“爱尔兰歌手”著名，这是因为他的好运来自爱尔兰。但他并不是爱尔兰人，他其实出生于英国威尔士的雷克斯汉姆，当时正值第二次世界大战期间，德国经常对英国重要城市进行大轰炸。为安全起见，兰保夫一家人不久后迁居到英格兰西部与利物浦相邻的港口城市伯肯黑德。中学没有读完，兰保夫就开始走上了艰辛的求生之路，他当过电话局的巡线工、铁路工人、面粉厂工人等等，后来还服役当兵，但这些并未改变他对音乐的热爱。

兰保夫从部队退伍后，加入了一支乐队并担任主唱，也在一所学校兼任过声乐教师。由于一直保持着对音乐的梦想和追求，所以他没有办法做好别的工作。他曾长期在英伦三岛各地巡回演出，经受了许多挫折，但仍然寂寂无闻，生活困顿。然而，随着年龄的增长，他的创作一直在沉淀，他的歌声也越来越深沉、浑厚。

直到1994年，兰保夫已经53岁的时候，一首歌曲改变了他的命运。这首歌讲述一个盲童非常天真地问爸爸：风是什么颜色的?

当它吹动我的头发，是不是也在吹您的头发？这个天生残障的男孩，正试图在以自己的方式，感知这个世界，想象这个世界。在他平静而单纯的自问自答中，一种无比深切的父爱，正在无言中缓缓流淌。

这首歌就是《风是什么颜色的》，男孩因为天生的残疾，看不到我们这个世界，无法通过物质世界的变化来感知什么是风，也从来没有看过爸爸的面容，但查理·兰保夫以深沉浑厚的嗓音，为这个本可能是悲伤的故事，带来了一份温暖与爱的力量。

北爱尔兰的一位电台主持人，在电台播放了兰保夫的这首歌。如果这首歌没有被一位重要人士听见，那么，兰保夫也许还不会很快就引起人们的关注。

都柏林著名的脱口秀主持人帕特·肯尼偶然在电台中听见了这首歌后，非常喜欢。他随后便邀请这首歌的作者查理·兰保夫，来到他的脱口秀节目“肯尼现场秀”里进行演出，时间是1995年1月。“肯尼现场秀”在爱尔兰具有广泛的影响力，而查理·兰保夫的出现，更是让这个节目引起了史无前例的巨大反响。

不久，同名专辑《风是什么颜色的》击败了当时全球专辑最畅销的乡村音乐歌手加斯·布鲁克斯，冲上了爱尔兰音乐专辑排行榜的榜首。查理·兰保夫后来也成为爱尔兰音乐史上作品空前畅销的艺术家之一。

至此，兰保夫终于实现了自己的音乐梦想。

从1995年开始，兰保夫一年两次巡游英国和爱尔兰，四处现场演出。他在许多大演奏厅和剧院都表演过。2000年他第一次去澳大利亚做了宣传旅行。除英国和爱尔兰的巡演外，他还受邀去利物浦参加了颇负盛名的阿尔伯特码头节。利物浦爱乐管弦乐团为他担任伴奏，4000多人的场地座无虚席，这几乎可以说是兰保夫音乐生涯的巅峰时刻。

兰保夫后来又陆续发表了11张音乐专辑，其中2002年发行的《继续》，全部歌曲都是由兰保夫自己作曲填词，每一首歌都非常悦耳。第一首歌《这不是唯一的蓝色事物》，以乡村民谣的音乐，显露出亲切的关怀。第二首歌《我真希望那是我》中口琴的伴奏，与他歌声中的柔情完美融合。专辑的最后一首歌，是兰保夫与儿童合唱团合作演出的《特别》，如天使般的歌唱，仿佛天籁之音，这首歌伴有动人的吉他演奏，迷人的歌声与悦耳的弦乐交织出优美的诗篇。

2003年，兰保夫在都柏林举行的国际特殊奥林匹克运动会的闭幕式上，为来自全欧洲上万的运动员献唱的，也正是这首《特别》：

从来没有人和我一样，
你看见的我就是唯一的。

从我的头顶到我的脚趾，
你知道我就是特别的。

从来没有人和你和我是一个样，
我们能做的最好的事，就是成为我们自己。

许多评论都认为他是大器晚成的代表。英国广播公司的一个节目里有评论说：“查理·兰保夫是一瓶陈年美酒。拔出塞子时，你才会知道你的等待是多么地值得。”对于那些拥有自己梦想却一直未能实现的人来说，查理·兰保夫的确就是一个榜样。

实现自己的梦想，不仅需要实力和勇气，更需要忍耐寂寞的坚守。兰保夫的故事也再一次证明，老天终究会保佑那些坚持追求自己梦想的人。

夏日的期待

夏日的期待

欧阳斌

导读

夏日来临，竟有了惆怅，惆怅什么呢？夏日又留下了期待，期待什么呢？原来，生命进入了中年，人生的果实“依然嫩得发青”，怎么办呢？“唯一的选择是劳作”，只有劳作，才能让夏日留下等待与期望。作者以季节比拟人生，写出了一段关于生命的沉思。

作者欧阳斌，1954年出生，当代作家。

蝉声一声接一声绵长了，如火的骄阳，把大地烤得滚烫。南方之夏，就这样来到了。

期待令人心焦，夏日的期待尤其令人心焦。毕竟，诱人的果香已开始在梦里飘荡。

梦醒，大地依然静默。金秋没有因为心焦而提前到来。树上的果子依然嫩得发青，好看是好看得很，咬一口尝尝才知道苦涩得可以。

于是，便有了隐隐惆怅（是惆怅，而不是失望，因为长长的夏日后面，必定跟着一个充满果香的秋日）。

惆怅什么呢？

是怀恋那脉脉含情的春日？春日已无可挽回地消逝了。那湿润，那温馨，那美丽得令人心醉的花的微笑，那漫山遍野竞相涌流的新绿，那解冻后欢呼雀跃的清流，那沉寂了一个冬天忽然响起的一阵接一阵隆隆滚动的雷声，那从牛背上牧童的笛眼里流出的如霞似锦的云霓，那舞步，那躁动的少女春心，那让人觉得可笑又可爱的少年狂言——啊，一切充满青春的气息和活力，都随着春水东去。至少，这一个春日是永远地无可挽回地流逝了！

留下这夏日，这喧嚣后的缄默，这躁动后的宁静，这充满惆怅的期待和这里那里响起的轻轻叹息。

静默的夏日里，需要有一颗静默的心，想想该做点什么事了。否则，当秋日苦着脸挎着空篮走来，那才真正是“一无所有”的惆怅了。而且，当这一个夏日无可挽回地流逝，这一个秋日无法抗拒地到来时，这一个冬日就已经不远了。在冬日，那北风凄厉地尖叫、雪花无声地陨落的寒夜，生命拿什么来温暖记忆呢？

心湖里不由得掠过一阵疾风。

种子播下了，土地耕耘了，花灿灿地开过了，果实高高地悬在枝头了。但这青嫩的尚未饱满的果实，依然在炙热的夏日里流盼着渴望，渴望苦咸的汗水，渴望甘泉的滋润，渴望熏风的抚慰，当然，也渴望严厉阳光的照护。这一切，都与高谈阔论和长吁短叹无缘。人类的一切历史证明：高谈阔论结不出殷实果实，长吁短叹唤不来丰饶金秋。

唯一的选择是劳作。虽然，生命已经很累很累了。但夏日之于生命本来就是一个累人的季节，它意味着永远无休止地付出。只要你还有精力去高谈阔论或长吁短叹，那就说明你付出得还很不够很不够。

劳作是唯一的选择。虽然，生命在劳作中已是很忙很忙的了，但夏日是一个极繁忙的季节。这里那里都在一个劲儿地忙，所有的人都忙，所有的人都跟着忙，所有的人都不能不忙。应当不时地扪心自问：如何忙出生命的社会价值？

在默默劳作默默等待中，常常伴随着不期而至的惆怅，这惆怅总是相随夏日而来，它是从那凝固的热气、凝固的倦柳、凝固的太阳、凝固的蝉鸣，也许还有凝固的静默中，一丝丝一丝丝抽出来的。这惆怅，让你怀恋春日的美好，让你向往秋日的丰饶，让你称美冬日的洁净，也让你饱尝了夏日的期待。于是你默默地冥想，默默地成熟，并在默默地劳作中走向这一个希望的盛秋。

生命呵，当你在夏日里匆匆埋头赶路时，请不要忘记，夏日的天空中，永远醒目地大写着：等待与期望。

写作学习

当春日已无可挽回地消逝，当生命的喧嚣渐渐平息，夏日悄然来到了，作者便有了隐隐的惆怅。

在人生的历程中，夏日通常被视为中年的象征。一个有所追求的人，在中年时期往往会产生出一种危机意识。作者也正是在这样的心境下，思考在“静默的夏日里，需要有一颗静默的心，想想该做点什么事了”。

可本来也并非没有做事呀！“夏日之于生命本来就是一个累人的季节”，这个时候，其实“所有的人都忙，所有的人都跟着忙，所有的人都不能不忙”，但是，忙碌的生活是否能够真正忙出“生命的社会价值”呢?

是的，必须要有真实的劳作了！“高谈阔论结不出殷实果实，长吁短叹唤不来丰饶金秋”，这既是对过往日子的自我批评，也是对未来日子的自我警醒。

作者就是在这种自我批评、自我追问和自我怀疑中，展开冥想与反思，也在为自己的生命打开新的出口。于是“夏日的天空中，永远醒目地大写着：等待与期望”。

值得等待，值得期望，是因为，只有在默默地劳作中，才能真正地“走向这一个希望的盛秋”。

童年的夏天

徐鲁

导读

选文展现的是一个在乡村长大的孩子成年以后的童年记忆，“所有美丽的梦想，还留在我的心底，像满天的星星，像飞舞的萤灯，像落在夏日池塘里的一朵朵翠绿的雨花……”童年的夏天过去了，但它一直留在梦里。

作者徐鲁，1962年出生，当代诗人和作家。

有过多少快乐的夏天，都留在我小时候的记忆里——

躺在厚厚的叶堆上，我和小伙伴们一起数过天河两岸的星星；

坐在高高的草垛上面，我听老祖母讲过美丽的小狐狸的故事；

在井台边，在禾场上，在萤火虫飞舞的篱笆下……

我和小伙伴们骑着竹马，从天上跑到地下……

金色的池塘，是我夏天的乐园。

村边的老槐树，是一把永不收拢的绿伞。

知了在树叶里唱着正午的安宁与快乐，我在树下轻轻地荡着童年的秋千。

就这样，多少个夏天在梦想中远去，不再回来。而所有美丽的梦想，还留在我的心底，像满天的星星，像飞舞的萤灯，像落在夏日池塘里的一朵朵翠绿的雨花……

啊，童年的夏天！

写作学习

这是一首充满童真趣味的散文诗，我们要注意其写作方法。作者通过一系列儿时记忆中的场景和所做的事情，来表现童年时代快乐的夏天生活。

留在童年记忆中的场景有：厚厚的叶堆、高高的草垛，井台边、禾场上、篱笆下，金色的池塘、村边的老槐树，等等。

而童年做过哪些事情呢？数星星，听老祖母讲故事，骑竹马，荡秋千，等等。

今天城市里的孩子，对这样的一些场景和事情，可能已经不再熟悉，但童年的快乐感受与记忆，一定是相通的。

夏意

宋·苏舜钦

导读

《夏意》是苏舜钦创作的一首七言绝句，作于诗人被革职削籍为民后于苏州修建沧浪亭时。诗中虽写炎热盛夏，却句句显出清凉静谧、清幽朦胧的气氛，表现了诗人悠闲旷达、虚怀若谷的心境。

作者苏舜钦（1008—1048），北宋诗人。

别院深深夏簟清，
石榴开遍透帘明。
树阴满地日当午，
梦觉流莺时一声。

小院幽深寂静，我躺在清凉的竹席上；透过垂挂的竹帘，能清晰地看到窗外盛开的石榴花。

浓密的树荫洒满一地，正是中午时分；一觉醒来，耳边满是黄莺时断时续的鸣叫。

- 别院：正院旁侧的小院。
- 夏簟（diàn）：也作“夏席”，夏天的竹席。
- 清：清凉。
- 透帘：穿透帘子。
- 觉（jué）：睡醒。
- 流莺：流畅动听的黄莺鸣叫声。
- 时：偶尔，时不时地。

写作学习

这首诗四句都写的是夏日的午睡。前三句是午睡前，末句是午睡后。每一句都不是直接写午睡，但午睡已包含在其中，用笔活泼跳脱，又句句切合夏日，不断利用色彩来表现景物，表达诗人满足的心情，与夏日午后本应给人的炎热与压抑形成鲜明的对比。

前人对此诗的表现手法，提出了三点可注意之处：

一是笔致轻巧空灵：写庭院，落墨在深深别院；写石榴花，则施以帷帘；写绿树，从树荫可以得知；写黄莺，从啼声听得。句句从空际着笔，遂构成与昼寝相应的明丽而缥缈的意境。

二是结构自然工巧：诗写昼寝，但直至末句才以“梦觉”字挑明，并续写觉后之情景。看似不续，其实前三句清幽朦胧的气氛都是铺垫。

三是风格清而不弱：这首诗洒脱不羁，能寓流丽俊爽于深邃幽远之中，清而不弱，逸气流转。

更爱夏天

石恢

导读

为什么“更爱夏天”？因为夏天的热闹，夏天的姑娘，夏天的灿烂……也因为夏天的孤独，夏天的渴望……这是作者写于20世纪90年代的一首诗，诗句与词语的不断复沓，明显具有对于诗歌节奏感的着力追求，也显露出意义跳跃的痕迹。

我喜欢在初夏五月的阳光下
走进浓浓的树荫里
找一方清凉僻静的地方
坐下，或躺下
看书，或看天
我喜欢在初夏五月的阳光下
走在大街稠密热闹的地方
沿着车站，与挂满招牌的小商店
看来来往往的行人
看姑娘们色泽鲜艳的衣裙

像灿烂的石榴花火红了一片山丘

五月
南方偶尔下雨
热浪蒸腾起来
我渴望一个人向我走来
在我的对面，坐下
或躺下，看书
或者，看天
渴望语言
渴望像我一样的人
在寂寞与热闹中
在五月里热烈的天气中
寻找一份清静
在五月的浓荫里渴望孤独

我从五月的阳光下走来
我感到生活的每一天
都向我走来
都离我远去
我的心仿佛充实
又仿佛空落，没有一丝生息

写作学习

全诗共三节，前面两节都是写“我”更爱夏天的理由，这两节都写到夏天里的两个动作状态，即“坐下看书”与“躺下看天”。但这两个动作在两节中的排列方式略有不同，所产生的意义也就完全不同。

第一个“坐下”出现在句首，其意义是连接后面的“看书”；与第一个“躺下”连接后面的“看天”一样，都是一个人孤独与寂寞的外化。“坐下，或躺下”“看书，或看天”可以视为是无聊中并无时序的选择与交替。

而第二个“坐下”出现在句尾，其意义依附于前面诗句中的“一个人”，这就有了面对面交流的姿态；出现于下一个句首的“或躺下”，就是对于前面一句“坐下”的中断，“看天”也是对“看书”的中断：一起看书之后，才会有一起看天——这就有了共鸣交流、共同畅想的含义。所以同样的语词，在前后两节中，是两种完全不同的内心状态的表现。

五月的南方，偶尔下雨，大多数时候是闷热的天气，让人感觉热浪在蒸腾。“热浪蒸腾”隐喻人的内心渴望与欲望的升腾，这里也是采取了传统诗歌中常有的“起兴”的表现手法。“渴望一个人向我走来”是夏天的渴望与想象，想象有一个人，来到“我”的对面……

此处“渴望语言”，是因为沉默已久，孤独已久，需要倾听，需要倾诉，需要交流。而交谈必然是和自己能够匹配的人，所以是“渴望像我一样的人”。然而这个人似乎只不过是另一个自己，真正的渴望，最终也只能是回归于自己。

因此，一方面是喜欢夏天的热闹与人的交往，一方面又知道“热闹是他们的，我什么也没有”（朱自清语），整首诗，就是这两种状态的不断交替。

诗的最后一节是写个人的内心感受，“我从五月的阳光下走来”，更真切地感受到“生活的每一天”。无论是“向我走来”与“离我远去”，还是“仿佛充实”又“仿佛空落”，这里的跳跃性都极大，也体现了自我极大的心理落差。

因为有精神生活，所以会觉得充实，但由于找不到自己的方向和未来，心里面依然会有空洞、迷茫，所以夏天的热闹总在外面，内心却总是感觉不到一丝生息。这种真实的矛盾与寂寞的心态，只是在夏天的热闹中被短暂掩盖，而后又被清晰地感知。

但全诗读下来，却并没有焦躁与沉郁的情绪，反而有着某种积极的朝气与活力，表现在“我”的喜欢、想象、感受，渴望知音，渴望共鸣，有爱的向往等。全诗仿佛是一种倾诉，却又没有具体的倾诉对象。所以，整首诗更像是一种自语，一种面向自我的诉说，一种面向自我的解释。

夏天

汪曾祺

导读

阳光充足的夏季，各种事物都生机无限，开始旺盛的生命活动。很多动物会在夏季繁殖后代，植物竞相开花结果。著名作家汪曾祺笔下的夏天又是什么样子呢？他是如何表现夏天的事物的呢？让我们一起来看看吧。

夏天的早晨真舒服。空气很凉爽，草上还挂着露水（蜘蛛网上也挂着露水），写大字一张，读古文一篇。夏天的早晨真舒服。

凡花大都是五瓣，栀子花却是六瓣。山歌云：“栀子花开六瓣头。”栀子花粗粗大大，色白，近蒂处微绿，极香，香气简直有点叫人受不了，我的家乡人说是“碰鼻子香”。栀子花粗粗大大，又香得掸都掸不开，于是为文雅人不取，以为品格不高。栀子花说：“我就是要这样香，香得痛痛快快！你们管得着吗？”

人们往往把栀子花和白兰花相比。苏州姑娘串街卖花，娇声叫卖：“栀子花！白兰花！”白兰花花朵半开，娇娇嫩嫩，如象牙白色，香气文静，但有点甜俗，为上海长三堂子的“倌人”所喜，因为听说白兰花要到夜间枕上才格外地香。我觉得红“倌人”的枕上之花，不如船娘髻边花更为刺激。

夏天的花里最为幽静的是珠兰。

牵牛花命短。早晨沾露才开，午时即已萎谢。

秋葵也命薄。瓣淡黄，白心，心外有紫晕。风吹薄瓣，楚楚可怜。

凤仙花有单瓣者，有重瓣者。重瓣者如小牡丹，凤仙花茎粗肥，湖南人用以腌“臭咸菜”，此吾乡所未有。

马齿苋、狗尾巴草、益母草，都长得非常旺盛。

淡竹叶开浅蓝色小花，如小蝴蝶，很好看。叶片微似竹叶而较柔软。

“万把钩”即苍耳。因为结的小果上有许多小钩，碰到它就会挂在衣服上，得小心摘去，所以孩子叫它“万把钩”。

我们那里有一种“巴根草”，贴地而去，是见缝扎根，一棵草蔓延开来，长了很多根，横的，竖的，一大片。而且非常顽强，拉扯不断。很小的孩子就会唱：

巴根草，
绿茵茵，
唱个唱，
把狗听。

最讨厌的是“臭芝麻”。掏蟋蟀、捉金铃子，常常沾了一裤腿。奇臭无比，很难除净。

西瓜以绳络悬之井中，下午剖食，一刀下去，咔嚓有声，凉气四溢，连眼睛都是凉的。

天下皆重“黑籽红瓤”，吾乡独以“三白”为贵：白皮、白瓤、白籽。“三白”以东墩产者最佳。

香瓜有：牛角酥，状似牛角，瓜皮淡绿色，刨去皮，则瓜肉浓绿，籽赤红，味浓而肉脆，北京亦有，谓之“羊角蜜”；虾蟆酥，不甚甜而脆，嚼之有黄瓜香；梨瓜，大如拳，白皮，白瓤，生脆，有梨香；有一种较大，皮色如虾蟆，不甚甜，而极“面”，孩子们称之为“奶奶哼”，说奶奶一边吃，一边“哼”。

蝈蝈，我的家乡叫作“叫蚰子”。“叫蚰子”有两种。一种叫“侉叫蚰子”。那真是“侉”，跟一个叫驴子似的，叫起来“呱呱呱呱”很吵人。喂它一点辣椒，更吵得厉害。一种叫“秋叫蚰子”，全身碧绿如玻璃翠，小巧玲珑，鸣声亦柔细。

别出声，金铃子在小玻璃盒子里爬哪！它停下来，吃两口食——鸭梨切成小骰子块。于是它叫了“丁零零零”……

乘凉。

搬一张大竹床放在天井里，横七竖八一躺，浑身爽利，暑气全消。看月华。月华五色晶莹，变幻不定，非常好看。月亮周围有一个模模糊糊的大圆圈，谓之“风圈”，近几天会刮风。“乌猪子过江了”——黑云漫过天河，要下大雨。

一直到露水下来，竹床子的栏杆都湿了，才回去，这时已经很困了，才沾藤枕（我们那里夏天都枕藤枕或漆枕），已入梦乡。

鸡头米老了，新核桃下来了，夏天就快过去了。

写作学习

夏天的早晨，空气凉爽，草上挂露，自然时节的天气让人舒服。早晨写大字，读古文，自己在夏天的活动中感觉到舒服。本文第一段出现了两次的“夏天的早晨真舒服”，区别就在于此。

接下来，是作者对夏天的具体感受和描述。

首先是写夏天的花，栀子花、白兰花、珠兰、牵牛花、秋葵、凤仙花等；其次是写夏天的草，马齿苋、狗尾巴草、益母草、淡竹叶、“万把钩”、“巴根草”、“臭芝麻”等。

接着写夏天的水果，西瓜、香瓜；再写夏天的虫子，蝈蝈、金铃子；最后又写夏天的乘凉。然后，夏天就这样过去了。

汪曾祺这篇写夏天的散文，最大的特点就是散，没有人物，没有事情，没有场景，也没有主要的描写对象，只有对于夏天花草等物的琐碎记忆和感觉。这种写法也非常特别。

汪老讲故事

王安忆

汪曾祺老的小说，可说是顶顶容易读的了。总是最最平凡的字眼儿，组成最最平凡的句子，说一件最最平凡的事情。轻轻松松带了读者走一条最最平坦顺利简单的道路，将人一径引入，人们立定了才发现：原来是这里。诱敌深入一般，坚决不竖障碍，而尽是开路，他自己先将困难解决了，再不为难别人。正好与如今将简单的道理表达得百折千回的风气相反，他则把最复杂的事物写得明白如话。他是洞察秋毫便装了糊涂，风云激荡过后回复了平静，他已是世故到了天真的地步。

汪曾祺的小说写得很天真，很古老很愚钝地讲了一个闲来无事的故事，从头说起地，“从前有座山，山上有座庙”地开了头。比如“西南联大有一个文嫂”（《鸡毛》）；比如“北门外有一条承志河”（《王四海的黄昏》）；比如“李二是地保，又是更夫”（《故里杂记》）；比如“全县第一个大画家是季民，第一个鉴赏家是叶三”（《鉴赏家》）。然后，便顺着开头徐徐地往下说，从不虚晃一枪，弄得扑朔迷离。他很负责地说完一件事，再由一件事引出另一件事来，由八千岁的米店写到八千岁的大黑骡子，大黑骡子带出了宋侉子，由宋侉子的骡子说到宋侉子的钱，钱又牵出了虞小兰，虞小兰在街上碰到了八千岁，八千岁生怕受了诱惑，“赶快迈动他的大脚，一气跑回米店”，于是开始了米店里的日复一日的生活，米店里的生活再引出了八舅大爷，八舅大爷敲诈了八千岁，八千岁最终说了一句“给我去叫一碗三鲜面”，便很无聊地完了。这是一个什么样的故事啊！这似乎仅是一个从青菜萝卜到三鲜面的生涯。那么这是一个什么样的生涯呢？一个小资产者偶然的又是命定的受挫，乱世里一个人的人生观的转变，仅此而已，却也足够了。

汪曾祺老总是很笨拙很老实地讲故事，即便是一个回忆的故事，他也并不时空倒错地迷惑，而是规规矩矩地坦白出什么时候开始回忆了，将过去式与现在式很清楚地划出，拉开距离，很不屑于去玩些小花头似的。然而，通篇看下，这一生的沉浮又成了一个“晚饭后的回忆”，其中便有了极深的悲凉，真是“而今识尽愁滋味，却道天凉好个秋”。由此可见，郭庆春的一生安排成一场饭饱后的回忆，结构的本身就包含了内容。汪曾祺貌似漫不经意，其实是很讲究以结构本身叙事的，不过却是不动声色，平易近人。他不动声色地讲述着人们日复一日的生计，却带出了一桩特殊事件。他写李三的更夫的日子，写他的职责、工作。“一进腊月，李三在打更时添了一个新项目，喊‘小心火烛’。李三一边敲一边来到了河边，看见船帮外别着一支船篙，顺手牵走，却牵不动了，篙子的后梢被一只很有劲的大手攥住了。”结果李三有史以来第一次挨了罚。汪曾祺老笔下几乎没有特殊事件，都是一般状况，特殊事件总是在一般状况的某一个时节上被不显山不露水地带出，而事实上，汪曾祺的故事里都有着特殊事件，堪为真正的故事，这种一般与特殊的结构上的默契，实是包含了一种对偶然与命运的深透的看法，其实也是汪曾祺的世界观了。

汪曾祺讲故事的语言也颇为老实，他几乎从不概括，而尽是详详细细、认认真真地叙述过程，而且是很日常的过程。他将秦老吉的三个姑爷做活的情景写得那么仔细：绱鞋，剃头，捏糖人。他绝不用很漂亮的辞藻歌颂他们热爱劳动以至热爱生活，他只将那过程一一写到，便完了。写迷路这一回事，他便一笔一画地写他如何迷路：“我住在一个村子里，比如说是王庄吧，到城里去办一点事，再回来，我记得清清楚楚是怎么走的，回来时走进一个样子也真有点像王庄的村子，一问，却是李庄！还得李庄派一个人把我送到王庄。”写大学生的穷酸与洒脱，他便本本分分地写他们怎么穷酸与洒脱：“他们的袜子没有后跟，穿的时候就把袜尖往前拢拢，窝在脚心里，这样后跟的破洞就露不出来了。他们的衬衫穿脏了，脱下来换一件。过两天新换的又脏了，看看还是原先换下的一件干净一些，于是又换回来。有的要去参加Party，没有一件洁白的衬衫，灵机一动，有了！把衬衫反过来穿，打一条领带，把纽扣遮住，这样就看不出反正了，就这样，还很优美地跳着《蓝色的多瑙河》……文嫂看到这些先生，常常跟女儿说：‘可怜！’”将人物的说话作为叙述的部分，也是汪曾祺时常用的。有时候对话一句一句的，有点像诗：“孩子的妈妈有时来找孩子，就问侉奶奶：‘看见我家毛毛了么？’侉奶奶就说‘看见咧，往东咧’或‘看见咧，过河咧’……”说的总是很平常的，不说也可以的话，可是若真的不说了，便不真切了似的。并且在一整段第三人称的叙述里，忽有了第一人称的说话，便十分地活了。

汪曾祺还很少感情用语，什么都是平平常常实实在在地去写。人心里有时会有的那一股微妙曲折的情绪，他像是不经意去写似的，他总是写实事，而不务虚。然而，时常的，很无意的一句话，则流露出一种心情，笼罩了之前与之后的全篇。比如八千岁去看小千岁捉住一只宝石眼的鸽子：“翻过来，正过去，鸽子眼里的沙子就随着慢慢地来回流动，他觉得这很有趣，而且想：这是怎么回事呢？”比如《王四海的黄昏》的末尾：“这天他收到老大、老六的信，看完了，放在信插子里，依旧去遛弯。他坐在承志桥的靠背椅上，听见远处有什么地方在吹奏‘得胜令’，他忽然想起大世界、民众乐园，想起霓虹灯、马戏团的音乐。他好像有点惆怅。他很想把那对护手钩来耍一会儿。不大一会儿，连这点意兴也消失了。”“王四海站起来，沿着承志河，漫无目的地走着。夕阳把他的影子拉得很长。”令人想起这个浪迹天涯而最终落地生根的江湖艺人离奇又平常的一生。有了前边的王四海的生平，此时才可生出这样一股心情，有了最后的一段话，才可去想前边王四海的生平。这其实是一个爱情故事，却没有一个与情爱有关的字，可是一个艺人放弃了六合天地五湖四海，在一个小镇上栖了身，还能再苛求什么呢？还有那锁着的房间里，散线的玻璃珠子滴滴答答落在地板上的声音，《珠子灯》传达出的情感也实在很多了。

汪曾祺老用最平凡的材料说一个不那么平凡甚至还相当要紧的故事，可谓大道不动干戈，真是大智若愚了。不过，汪曾祺有时候难免也会笨过头反露出了聪明。比如《星期天》，他写道：“全系教职员工，共有如下数人。”然后是一、二、三、四地下去，直下到“九，我”，亦太过简陋。明明是在写小说，却偏偏不写小说，而写人事档案似的，则有些“此地无银三百两”，倒更像做文章了。再比如《迷路》，写到最后，他终于被领回了王家梁，人们“腾地一下子站了起来。他们的眼睛分明写着两个字：老虎”。“老虎”二字正应了前边随意似的写到的老虎出没，露出了刻意求工的破绽。于汪曾祺老，似乎是不应犯的错误，尽管汪曾祺老也是应该犯错误的。

大道不动干戈的境界，绝不是一日两日的修养。曾听人说过，汪曾祺在他年轻的时候（汪曾祺自然也有年轻的时候），写过一个复仇者的故事，说一个人死时，将他的仇人名字刺在儿子的手腕上，嘱儿子一定要为父报仇。儿子走过千山万水，走到了一个村子里，见一个樵夫在砍柴，樵夫手腕上正刺着儿子的父亲的名字，儿子便转身回了家乡。这是一个绝妙的故事。构思极其工巧而精致，且又奇峻，以此可见汪曾祺也是从奇峻别致出发而至今日的淡泊如水。以此还可见汪曾祺是很会讲故事的，实已是讲故事讲出了精，才到了今日的“情节淡化”。奇致已成了骨子，而不在皮毛。还听说汪曾祺老曾在《沙家浜》剧组工作过，全国八个样板戏的荒漠时代是一回事，样板戏的内容本身是另一回事。《沙家浜》的唱词是令人难忘的，比如那一段“垒起七星灶，铜壶煮三江，摆开八仙桌，招待十六方”。个中虚实对仗，又工整又灵活，且又自然天成。以此可见汪曾祺是很喜欢钻研诗词的。有了这诗词的功夫作底，明白如话的文字才可有诗意。曾有一次在上海金山开会，汪曾祺注意到我的发言稿中有“聒噪”二字，便问我的“聒”从何得来。我说并没有什么地方，就这样很平常。他让我再想想，我想了想，说：“是从《约翰·克利斯朵夫》里得来。”他便说：“这就对了，《约翰·克利斯朵夫》是谁译的？是傅雷。傅雷是什么人啊？”傅雷是学贯中西的译家，古文的底子非常厚实。汪曾祺是极重用字的，如今这一派天真纯朴，实已经是经历了二次否定的皈依。其间的奥妙，是大有文章可做的。像我这样分析汪曾祺的小说，不知汪曾祺老同意不同意。

雨的诉说

雨天的魅力

蓉子

导读

雨天为什么让人喜欢？雨天有什么魅力呢？原来，是因为雨天会为我们“隔住了很多阳光下的喧腾和扰攘，以及过分明白清晰的事物形象”；还因为“在这静静的下雨天，谁也不扰乱谁”。但是，“心灵却像雨水中的叶开始摇曳起来”，因为雨天也是酝酿创造灵泉的好时候。

作者蓉子（1922—2021），中国台湾当代女诗人。

真喜欢这样缠绵的雨，长长地落着，忘记了晨昏，忘记了时间，也忘了节令！啊，尤其在这初夏时节，雨像薄纱的帷帘一样突然地放下，立刻为你隔住了很多阳光下的喧腾和扰攘，以及过分明白清晰的事物形象。

因为晴天太明亮，声光无尽，脚步杂沓，事情就多得让你做不完；而且它无形中有那种催迫人的力量，使你无法懒惰。一个亮亮的晴天，你家电话铃响的次数，一定比雨天多；门铃被按响的机会，也一定较阴雨的日子多；而且你自己的心也会不停地忙——特别是我们女人家，一碰到那久雨后的大晴天，就如同捡到一块金黄色的黄金似的，非要好好地利用一番不可。又想晒书，又想晒被，更愿痛痛快快洗一次衣物。因为这富有热力的阳光，能将每一件湿漉漉的衣服晒得又干又脆；能使每一样经它暴晒过的物件留下余香；而这等的好天气又是最引诱人要去旅行和郊游的天气；也是处理各种外出事务最方便的天气；当然，也是最适于拜访朋友的好天气了……好像一到晴天，诸事就争先恐后蜂拥而至，你竟不知道先做哪一件才是。

突然间，那盏金黄灿烂的大灯转暗了，在幽暗气氛里，第一滴雨像珍珠般掉落，然后无数的雨珠串连成线，压抑着飞扬的灰尘……虽然雨的步态轻柔，但是你仍然听见它清朗的带金属韵律的步音。当众弦俱奏又不停地增加更多的弦索时，你就可以听到一曲丰富的雨的交响乐了！这时，你整个地被笼罩在雨丝交织成的帘子里。首先，你感到了丝绸触肤的凉爽；炎热退却，烦嚣也跟着远去。隔着一层薄薄的朦胧看世界，不慌不忙，世界是那样宁静可爱；隔着一点距离看人生，人和事都比较好安排。

真的，在这静静的下雨天，谁也不扰乱谁，只见雨中绿意如润玉，蓓蕾们也有了血色，同样是我们枯旱的心——日日沉埋在烟尘和烦嚣中的，竟也获得一些泽润，寻回一点宁静，找着那属于自己的声音和思维。如果雨下得更浓更密，你就更无牵无挂了，很多生活上的杂七杂八都可放下，而且一无愧怍。只有在这时，你可以理直气壮地把不想做的事情统统推开说：“下雨嘛，等天好了再说。”这真是最好的理由，谁也不敢责怪你懒惰。其实你虽懒，心灵却像雨水中的叶开始摇曳起来，尤其是在这五月已过去了一半的初夏，让似甘露的雨带给你一份清凉意，给你从容地酝酿那创造的灵泉吧！

写作学习

本文在写法上开门见山，表达自己对于雨天的喜好。再分别对晴天的状况与雨天的状况进行对比描述，给出了自己喜欢雨天的理由。

晴日固然好，但晴日里诸事争先恐后蜂拥而至，让人不知道先做哪一件才好。雨天就不一样了。在雨天，就像是“隔着一层薄薄朦胧看世界，不慌不忙，世界是那样宁静可爱；隔着一点距离看人生，人和事都比较好安排”。

作者在欣赏雨、享受雨天的安静时，透悟出对人生的态度。世界宁静可爱，让人保持一个良好的心态。隔开一点距离，人生看得会更真切。面对人生更有一份淡然从容的心境。

雨

楼适夷

导读

这篇散文以散漫的思绪为结构，但散漫中亦有线索可寻。“雨”作为贯彻全篇的意象提示着阴郁和湿冷，与作者郁闷的心情对应，同时又衬托出小屋里的温情。“雨”作为写实性的背景其实又包含了象征的意味，它既象征了风雨如晦的特殊时代，也象征了罪恶的弥漫。

作者楼适夷（1905—2001），现代作家、翻译家、出版家。

窗外，下着雨。这样滂沱的大雨继续有好几天了。壁上苔痕漫漶，把室内的光线涂得更暗淡了。弄堂口积满了水，我不能出去；不过，我也不想出去。这小天地足够容纳我了。况且，室内除掉我，还有我的猫。它蹲在我面前，以爪子擦擦脸，它也给大雨阻住了，否则尽可在外边撒野的。现在，只有我们两个，我们是寂寞的。

它瞪着眼看我，我也瞪着眼看它。它的眼光是多么的慈和、亲切，充溢着爱和同情，这是我在人群中从来没有看见过的。它的眼珠似乎消融成一泓水流，在这水波里映出我自己的影子。纵若，我不懂它的言语，它也不懂我的言语，不过，我们会通过相互的爱而彼此了解的。它走近我，以舌子舔舐我的皮鞋，咪咪地叫着。我知道它，它是爱护我的。我很奇怪，正当人们扰扰不已的时候，料不到人与兽之间却会消除言语的隔阂而相互抚爱、相互了解。这使我忘却外面的世界以及世界上的一切恶行。室外的一切都遥远了，模糊了。

外面的雨更大了，宛若创世纪里上帝膺惩世人的那股大水，我们就像坐在诺亚的小船上，离去这个没有爱的罪恶的世界……

为什么独有人与人之间不能产生相互的爱呢？我亲眼看见有个佩勋章的人，雇用了一群十多岁的少年，日夜教他们怎样打人，怎样杀人。我更亲眼看见就是他们队里的一个，不眨眼杀掉一个朴朴实实的乡下佬。为什么要使他们受这样的教育呢？在他们没有知道爱之前，却学会谋害别人了；在他们没有产生同情之前，却已会欺侮别人了。我也亲眼看见人是怎样被人殴打的，拳捶着，足蹴着，难道他们不知道被打的也是人，也是和自己一样的人么？所有的文明和教育都是错误的。我们要再出发，从爱的基础上出发。这样，人类的生活才会变得有意思起来……

外面的世界是可怕的，只有这方小天地里充溢了爱与和睦。它看着我，我看着它。我们两个往来，从没有想到彼此谋害，妒忌，诅咒和诽谤。所有的恶行都是不存在的。纵若，我们是寂寞的，但是我们有爱，有可以向外面人类骄矜的爱来弥补这样的缺陷。我真希望：我们的屋子就是诺亚的小船，我们就是诺亚藏着的两种生物。小船载着我们避去上帝予以人类的灾厄，慢慢远去，往虹之国，云乡，雨榭……

雨太大了，承溜里的水声哗啦哗啦的。我们更挨近在一起。它跳到我膝头上，在怀里躺下来。我抚着它，它舌子舐舐我的手背。我们之间有一种不可言说的温暖。这温暖使我们能忍受一切，那无止的寂寞，那窒人的潮气，那难以排遣的悒郁……让我们这条小船航得远远的，让更大的雨水来洗涤这个腌臜的世界吧。

写作学习

本文所写的是雨天中的思绪。窗外雨潺潺，引发了作家对时代的思考。

在凄风冷雨中，室内“不想出去”的我和“眼光是多么的慈和、亲切，充溢着爱和同情”的猫，互相成了对方唯一的伙伴，寂寞中也才有了温情。“寂寞”在文中先后三次出现，既是周遭的境况，更是作家内心落寞的投影。

无数人间悲剧浮上心头，那些打和杀只令他感到失望和耻辱。外面的世界如此阴晦污浊，如漫天大雨般令人无处躲避，只有这方斗室如同诺亚方舟，逃离了人世的罪恶，因此作者以“不想出去”的态度来表明对黑暗世界的厌弃。

那是个风雨如晦的时代，追寻真理的知识分子内心的苦闷和抑郁无以言说，良知和正直令他对一切的罪行都不能容忍，而善良和软弱又令他对此束手无策，只能企盼着“我们要再出发，从爱的基础上出发。这样，人类的生活才会变得有意思起来”。

“雨”的意象贯串着看似散漫的全篇，既象征着风雨如晦的时代和弥漫的罪恶，又寓示着阴郁湿冷，与作者的心情对应，并引发作者的创世纪联想，将全篇连缀起来。

雨前

何其芳

导读

《雨前》是一篇精致的美文，有何其芳早期作品的典型风格，想象和沉思相交织，文字绚烂缠绵、有声有色、光影斑驳。它采用“独语”的调子，倾诉作者在雨前的所观所感、所思所想，真切地表明了作者内心的烦闷而焦渴，也为读者带来丰富的想象空间。

作者何其芳（1912—1977），中国现代诗人和文学评论家。

最后的鸽群带着低弱的笛声在微风里画一个圈子后，也消失了。也许是误认这灰暗的凄冷的天空为夜色的来袭，或是也预感到风雨的将至，遂过早地飞回它们温暖的木舍。

几天的阳光在柳梢上洒下的一抹嫩绿，被尘土埋掩得有憔悴色了，是需要一次洗涤。还有干裂的大地与树根也早已期待着雨。雨却迟疑着。

我怀想着故乡的雷声和雨声。那隆隆的有力的搏击，从山谷返响到山谷，仿佛春之芽就从冻土里震动、惊醒，而怒茁出来。细草样柔的雨声又以温存之手抚摩它，使它簇生油绿的枝叶而开出红色的花。这些怀想如乡愁一样萦绕得使我忧郁了。我心里的气候也和这北方大陆一样缺少雨量，一滴温柔的泪在我枯涩的眼里，如迟疑在这阴沉的天空里的雨点，久不落下。

白色的鸭也似有一点烦躁了，有不洁的颜色的都市的河沟里传出它们焦急的叫声。有的还未厌倦那船一样的徐徐地划行。有的却倒插它们的长颈在水里，红色的蹼趾伸在尾巴后，不停地扑击着水以支持身体的平衡，不知是在寻找沟底的细微的食物，还是贪那深深的水里的寒冷。

有几个已上岸了。在柳树下来回地做绅士的散步，舒息划行的疲劳。然后参差地站着，用嘴细细地梳理它们遍体白色的羽毛，间或又摇动身子或扑展着阔翅，使那缀在羽毛间的水珠坠落。一个已修饰完毕的，弯曲它的颈到背上，长长的红嘴藏没在翅膀里，静静合上它白色的茸毛间的小黑睛，仿佛准备睡眠。可怜的小动物，你就是这样做你的梦吗？

我想起故乡放雏鸭的人了。一大群鹅黄色的雏鸭游牧在溪流间。清浅的水，两岸青青的草，一根长长的竹竿在牧人的手里。他的小队伍是多么欢欣地发出啾啁声，又多么驯服地随着他的竿头越过一个田野又一个山坡。夜来了，帐幕似的竹篷撑在地上，就是他的家。但这是怎样辽远的想象啊！在这多尘土的国土里，我只希望听见一点树叶上的雨声。一点雨声的幽凉滴到我憔悴的梦，也许会长成一树圆圆的绿荫来覆荫我自己。

我仰起头。天空低垂如灰色的雾幕，落下一些寒冷的碎屑到我脸上。一只远来的鹰隼仿佛带着怒愤，对这沉重的天色的怒愤，平张的双翅不动地从天空斜插下，几乎触到河沟对岸的土阜，而又鼓扑着双翅，做出猛烈的声响腾上了。那样巨大的翅使我惊异。我看见了它两肋间斑白的羽毛。

接着听见了它有力的鸣声，如一个巨大的心的呼号，或是在黑暗里寻找伴侣的叫唤。

然而雨还是没有来。

写作学习

这篇散文运用南北对比的方法，描写了干涸的北国土地上的烦闷与焦灼，以及对春雨的期待、渴望，用以暗示南来游子灵魂的焦渴。

文中首先展示的是北国与南方故乡在雨前的不同迹象，在这样的对比中，身在异乡的游子的内心“也和这北方大陆一样缺少雨量”，连眼泪也变得枯涩，长久的心灵渴盼已使自己十分疲惫。其次是通过对鸭的描写，对比南北方雨前的春景。作者希望从这回忆里听到一点春雨声，并想象着有一树圆圆的绿荫，从而得到抚慰，得到舒息。再次是通过鹰隼的怒愤，将对雨的渴盼升华到对伴侣的呼唤。这鹰隼的呼叫也正是作者作为孤独、焦渴的游子寻找友情的呐喊，是一个知识青年对无情现实的失望。

“我只希望听见一点树叶上的雨声”，让雨声去滋润“我憔悴的梦”“覆荫我自己”，“然而雨还是没有来”，这一切，还要等多久呢？作者没有直接告诉我们，却启发了我们不尽的想象和思考，正是“语尽意不尽”，余味无穷。

总之，这篇散文以短小的篇幅描摹了自然的种种情态，暗示了深沉严峻的思想；充分运用通感手法，将听觉与触觉、梦与现实交织起来，声、色、光、影的变幻，使语言产生了奇妙的生动感人的力量。

五月十九日大雨

明·刘基

导读

这首七绝写了大雨前后的景象。前两句写风雨雷电，气象磅礴；后两句写雨住风停，清新恬静。一前一后对比鲜明。诗人通过对自然风雨的描写，告诉我们：表现了人生的风雨过后，定有格外美丽的景色。

作者刘基（1311—1375），字伯温，明初政治家和诗人。

风驱急雨洒高城，
云压轻雷殷地声。
雨过不知龙去处，
一池草色万蛙鸣。

疾风驱使着骤雨，洒落高城；乌云密布，雷声隐隐，大地仿佛都在震动。

雨停息下来了，呼风唤雨的龙不知去向；只留下满池塘的青青草色和无数青蛙的齐鸣。

注释

- 驱：驱使。
- 急雨：骤雨。
- 云：这里指乌云。
- 殷（yǐn）：形容雷声。
- 龙：这里的“龙”是指风雨。龙是传说中的水神，掌降雨。古人认为龙带来风雨，所以“雨过”龙也就走了。
- 池：池塘。

写作学习

此诗的前两句已把大雨写得十分酣畅，“驱”“急”“洒”三个字形象地表现出夏雨的骤猛。云是“压”的，雷是“轻”的，大地发出“殷”声，说明黑云压城，风急雨骤，电闪雷鸣，大雨倾盆。

诗的后两句则是描述雨过天晴的景象：雷雨过后，草色更青，池塘水涨，蛙声一片。前雷声，后蛙鸣，两两对照，收到的是一闹一静的不同效果，妙趣横生。

雨后恬静平和的景象，与前两句磅礴威猛的雨景，整体上也形成了鲜明的对照。

通过大自然的景况描写，诗人也似乎在告诉我们人生的哲理：大风大雨虽然猛烈，但不会长久，当我们遇到困难时，只要坚持和顽强，难关就会渡过的，美好风景也会出现在风雨之后。

听听那冷雨

余光中

导读

《听听那冷雨》是著名作家余光中的散文名篇，抒写的是深深的思乡情绪。这种乡情主要是通过对雨声的描写而流淌出来，借冷雨抒情，将自己身处祖国的台湾，不能回大陆团聚的思乡情绪娓娓倾诉。此外，这种乡情也表达在文中化用的诗词里面，中国古典诗词的意趣在被赋予生命的冷雨中表现得淋漓尽致。

凭一把伞，躲过一阵潇潇的冷雨，也躲不过整个雨季

惊蛰一过，春寒加剧。先是料料峭峭，继而雨季开始，时而淋淋漓漓，时而淅淅沥沥，天潮潮地湿湿，即使在梦里，也似乎把伞撑着。而就凭一把伞，躲过一阵潇潇的冷雨，也躲不过整个雨季。连思想也都是潮润润的。每天回家，曲折穿过金门街到厦门街迷宫式的长巷短巷，雨里风里，走入霏霏令人更想入非非。想这样子的台北凄凄切切完全是黑白片的味道，想整个中国整部中国的历史无非是一张黑白片子，片头到片尾，一直是这样下着雨的。这种感觉，不知道是不是从安东尼奥尼那里来的。不过那一块土地是久违了，二十五年，四分之一的世纪，即使是雨，也隔着千山万山，千伞万伞。二十五年，一切都断了，只有气候，只有气象报告还牵连在一起。大寒流从那块土地上弥天卷来，这种酷冷吾与古大陆分担。不能扑进她怀里，被她的裾边扫一扫吧也算是安慰孺慕之情。

这样想时，严寒里竟有一点温暖的感觉了。这样想时，他希望这些狭长的巷子永远延伸下去，他的思路也可以延伸下去，不是金门街到厦门街，而是金门到厦门。他是厦门人，至少是广义的厦门人，二十年来，不住在厦门，住在厦门街，算是嘲弄吧，也算是安慰。不过说到广义，他同样也是广义的江南人，常州人，南京人，川娃儿，五陵少年。杏花春雨江南，那是他的少年时代了。再过半个月就是清明。安东尼奥尼的镜头摇过去，摇过去又摇过来。残山剩水犹如是。皇天后土犹如是。纭纭黔首纷纷黎民从北到南犹如是。那里面是中国吗？那里面当然还是中国永远是中国。只是杏花春雨已不再，牧童遥指已不再，剑门细雨渭城轻尘也都已不再。然则他日思夜梦的那片土地，究竟在哪里呢？

在报纸的头条标题里吗？还是香港的谣言里？还是傅聪的黑键白键马思聪的跳弓拨弦？还是安东尼奥尼的镜底勒马洲的望中？还是呢，故宫博物院的壁头和玻璃橱内，京戏的锣鼓声中太白和东坡的韵里？

杏花。春雨。江南。六个方块字，或许那片土就在那里面。而无论赤县也好神州也好中国也好，变来变去，只要仓颉的灵感不灭美丽的中文不老，那形象，那磁石一般的向心力当必然长在。因为一个方块字是一个天地。太初有字，于是汉族的心灵，祖先的回忆和希望便有了寄托。譬如凭空写一个“雨”字，点点滴滴，滂滂沱沱，淅沥淅沥淅沥，一切云情雨意，就宛然其中了。视觉上的这种美感，岂是什么rain也好pluie也好所能满足？翻开一部《辞源》或《辞海》，金木水火土，各成世界，而一入“雨”部，古神州的天颜千变万化，便悉在望中，美丽的霜雪云霞，骇人的雷电霹雹，展露的无非是神的好脾气与坏脾气，气象台百读不厌门外汉百思不解的百科全书。

听听，那冷雨。看看，那冷雨。嗅嗅闻闻，那冷雨，舔舔吧，那冷雨。雨在他的伞上，这城市百万人的伞上雨衣上屋上天线上，雨下在基隆港，在防波堤，在海峡的船上，清明这季雨。雨是女性，应该最富于感性。雨气空蒙而迷幻，细细嗅嗅，清清爽爽新新，有一点点薄荷的香味，浓的时候，竟发出草和树沐发后特有的淡淡土腥气，也许那竟是蚯蚓和蜗牛的腥气吧，毕竟是惊蛰了啊。也许地上的地下的生命，也许古中国层层叠叠的记忆皆蠢蠢而蠕，也许是植物的潜意识和梦吧，那腥气。

要领略“白云回望合，青霭入看无”的境界，仍须回来中国

第三次去美国，在高高的丹佛他山居了两年。美国的西部，多山多沙漠，千里干旱。天，蓝似安格罗·萨克逊人的眼睛；地，红如印第安人的肌肤；云，却是罕见的白鸟。落基山簇簇耀目的雪峰上，很少飘云牵雾。一来高，二来干，三来森林线以上，杉柏也止步，中国诗词里“荡胸生层云”，或是“商略黄昏雨”的意趣，是落基山上难睹的景象。落基山岭之胜，在石，在雪。那些奇岩怪石，相叠互倚，砌一场惊心动魄的雕塑展览，给太阳和千里的风看。那雪，白得虚虚幻幻，冷得清清醒醒，那股皑皑不绝一仰难尽的气势，压得人呼吸困难，心寒眸酸。不过要领略“白云回望合，青霭入看无”的境界，仍须回来中国。台湾湿度很高，最饶云气氤氲雨意迷离的情调。两度夜宿溪头，树香沁鼻，宵寒袭肘，枕着润碧湿翠苍苍交叠的山影和万籁都歇的岑寂，仙人一样睡去。山中一夜饱雨，次晨醒来，在旭日未升的原始幽静中，冲着隔夜的寒气，踏着满地的断柯折枝和仍在流泻的细股雨水，一径探入森林的秘密，曲曲弯弯，步上山去。溪头的山，树密雾浓，蓊郁的水汽从谷底冉冉升起，时稠时稀，蒸腾多姿，幻化无定，只能从雾破云开的空处，窥见乍现即隐的一峰半壑，要纵览全貌，几乎是不可能的。至少入山两次，只能在白茫茫里和溪头诸峰玩捉迷藏的游戏，回到台北，世人问起，除笑而不答心自闲，故作神秘之外，实际的印象，也无非山在虚无之间罢了。云缭烟绕、山隐水迢的中国风景，由来予人宋画的韵味。那天下也许是赵家的天下，那山水却是米家的山水。而究竟，是米氏父子下笔像中国的山水，还是中国的山水上纸像宋画，恐怕是谁也说不清楚了吧？

雨不但可嗅，可观，更可以听。听听那冷雨

雨不但可嗅，可观，更可以听。听听那冷雨。听雨，只要不是石破天惊的台风暴雨，在听觉上总是一种美感。大陆上的秋天，无论是疏雨滴梧桐，或是骤雨打荷叶，听去总有一点凄凉、凄清、凄楚。于今在岛上回味，则在凄楚之外，更笼上一层凄迷了。饶你多少豪情侠气，怕也经不起三番五次的风吹雨打。一打少年听雨，红烛昏沉。二打中年听雨，客舟中，江阔云低。三打白头听雨在僧庐下。这便是亡宋之痛，一颗敏感心灵的一生：楼上，江上，庙里，用冷冷的雨珠子串成。十年前，他曾在一场摧心折骨的鬼雨中迷失了自己。雨，该是一滴湿漓漓的灵魂，在窗外喊谁。

雨打在树上和瓦上，韵律都清脆可听。尤其是铿铿敲在屋瓦上，那古老的音乐，属于中国。王禹偁在黄冈，破如椽的大竹为屋瓦。据说住在竹楼上面，急雨声如瀑布，密雪声比碎玉，而无论鼓琴、咏诗、下棋、投壶，共鸣的效果都特别好。这样岂不像住在竹筒里面，任何细脆的声响，怕都会加倍夸大，反而令人耳朵过敏吧。

雨天的屋瓦，浮漾湿湿的流光，灰而温柔，迎光则微明，背光则幽暗，对于视觉，是一种低沉的安慰。至于雨敲在鳞鳞千瓣的瓦上，由远而近，轻轻重重轻轻，夹着一股股的细流沿瓦槽与屋檐潺潺泻下，各种敲击音与滑音密织成网，谁的千指百指在按摩耳轮。“下雨了”，温柔的灰美人来了，她冰冰的纤手在屋顶拂弄着无数的黑键啊灰键，把晌午一下子奏成了黄昏。

在古老的大陆上，千屋万户是如此。二十多年前，初来这岛上，日式的瓦屋亦是如此。先是天暗了下来，城市像罩在一块巨幅的毛玻璃里，阴影在户内延长复加深。然后凉凉的水意弥漫在空间，风自每一个角落里旋起，感觉得到，每一个屋顶上呼吸沉重都覆着灰云。雨来了，最轻的敲打乐敲打这城市，苍茫的屋顶，远远近近，一张张敲过去，古老的琴，那细细密密的节奏，单调里自有一种柔婉与亲切，滴滴点点滴滴，似幻似真，若孩时在摇篮里，一曲耳熟的童谣摇摇欲睡，母亲吟哦鼻音与喉音。或是在江南的泽国水乡，一大筐绿油油的桑叶被啮于千百头蚕，细细琐琐屑屑，口器与口器咀咀嚼嚼。雨来了，雨来的时候瓦这么说，一片瓦说千亿片瓦说，说轻轻地奏吧沉沉地弹，徐徐地叩吧挞挞地打，间间歇歇敲一个雨季，即兴演奏从惊蛰到清明，在零落的坟上冷冷奏挽歌，一片瓦吟千亿片瓦吟。

在日式的古屋里听雨，听四月霏霏不绝的黄梅雨，朝夕不断，旬月绵延，湿黏黏的苔藓从石阶下一直侵到他舌底，心底。到七月，听台风台雨在古屋顶上一夜盲奏，千寻海底的热浪沸沸被狂风挟来，掀翻整个太平洋只为向他的矮屋檐重重压下，整个海在他的蜗壳上哗哗泻过。不然便是雷雨夜，白烟一般的纱帐里听羯鼓一通又一通，滔天的暴雨滂滂沛沛扑来，强劲的电琵琶忐忐忑忑忐忑忑，弹动屋瓦的惊悸腾腾欲掀起。不然便是斜斜的西北雨斜斜，刷在窗玻璃上，鞭在墙上打在阔大的芭蕉叶上，一阵寒濑泻过，秋意便弥漫日式的庭院了。

在日式的古屋里听雨，从春雨绵绵听到秋雨潇潇，从少年听到中年，听听那冷雨。雨是一种单调而耐听的音乐是室内乐是室外乐，户内听听，户外听听，冷冷，那音乐。雨是一种回忆的音乐，听听那冷雨，回忆江南的雨下得满地是江湖下在桥上和船上，也下在四川在秧田和蛙塘，下肥了嘉陵江下湿布谷咕咕的啼声。雨是潮潮润润的音乐下在渴望的唇上，舐舐那冷雨。

因为雨是最最原始的敲打乐从记忆彼端敲起。瓦是最最低沉的乐器灰蒙蒙的温柔覆盖着听雨的人，瓦是音乐的雨伞撑起。但不久公寓的时代来临，台北你怎么一下子长高了，瓦的音乐竟成了绝响。千片万片的瓦翩翩，美丽的灰蝴蝶纷纷飞走，飞入历史的记忆。现在雨下下来下，在水泥的屋顶和墙上，没有音韵的雨季。树也砍光了，那月桂，那枫树，柳树和擎天的巨椰，雨来的时候不再有丛叶嘈嘈切切，闪动湿湿的绿光迎接。鸟声减了啾啾，蛙声沉了咯咯，秋天的虫吟也减了唧唧。二十世纪七十年代的台北不需要这些，一个乐队接一个乐队便遣散尽了。要听鸡叫，只有去《诗经》的韵里寻找。现在只剩下一张黑白片，黑白的默片。

一位英雄，经得起多少次雨季？他的额头是水成岩削成还是火成岩？

正如马车的时代去后，三轮车的时代也去了。曾经在雨夜，三轮车的油布篷挂起，送她回家的途中，篷里的世界小得多可爱，而且躲在警察的辖区以外。雨衣的口袋越大越好，盛得下他的一只手里握一只纤纤的手。台湾的雨季这么长，该有人发明一种宽宽的双人雨衣，一人分穿一只袖子，此外的部分就不必分得太苛。而无论工业如何发达，一时似乎还废不了雨伞。只要雨不倾盆，风不横吹，撑一把伞在雨中仍不失古典的韵味。任雨点敲在黑布伞或是透明的塑胶伞上，将骨柄一旋，雨珠向四方喷溅，伞缘便旋成了一圈飞檐。跟女友共一把雨伞，该是一种美丽的合作吧。最好是初恋，有点兴奋，更有点不好意思，若即若离之间，雨不妨下大一点。真正初恋，恐怕是兴奋得不需要伞的，手牵手在雨中狂奔而去，把年轻的长发和肌肤交给漫天的淋淋漓漓，然后向对方的唇上颊上尝凉凉甜甜的雨水。不过那要非常年轻且激情，同时，也只能发生在法国的新潮片里吧。

大多数的雨伞想不会为约会张开。上班下班，上学放学，菜市来回的途中，现实的伞，灰色的星期三。握着雨伞，他听那冷雨打在伞上。索性更冷一些就好了，他想。索性把湿湿的灰雨冻成干干爽爽的白雨，六角形的结晶体在无风的空中回回旋旋地降下来，等须眉和肩头白尽时，伸手一拂就落了。二十五年，没有受故乡白雨的祝福，或许发上下一点白霜是一种变相的自我补偿吧。一位英雄，经得起多少次雨季？他的额头是水成岩削成还是火成岩？他的心底究竟有多厚的苔藓？厦门街的雨巷走了二十年与记忆等长，一座无瓦的公寓在巷底等他，一盏灯在楼上的雨窗子里，等他回去，向晚餐后的沉思冥想去整理青苔深深的记忆。前尘隔海，古屋不再。听听那冷雨。

写作学习

冷雨绵绵凄迷，淋在游子身上，同时也淋湿了故土、故人，游子感受到这一点，心里不禁产生一丝暖意。“冷”衬托出游子浓浓的乡情。

雨是冷的，但在这凉意里是不是同时交织着一丝温暖和似曾相识的安慰？好些中国台湾的居民，在冷雨中飞向他们离绝多年的大陆，厦门、江南、四川，故土和儿时的记忆都留在雨中：“听听，那冷雨。看看，那冷雨。嗅嗅闻闻，那冷雨，舔舔吧那冷雨。”“窗外在喊谁？”诗人如此深情地呼唤着。祖国、美国、日本，在这雨底，乡愁如此广袤，弥漫了整个被冷雨濡湿的空间。

作者因此在雨中展开了他苍茫的记忆，“像铁轨一般长”。读者看一幅老照片似的，酱色迷蒙，是历史的标记，至于褪去的美丽，则将在联想和梦幻中重新飞翔。由雨，诗人写到伞，这让我们不禁直接联想到“撑着油纸伞独自彷徨”的戴望舒的《雨巷》。

诗人的冷雨从美丽的初恋延伸到生命的流逝：“一位英雄，经得起多少次雨季？他的额头是水成岩削成还是火成岩？他的心底究竟有多厚的苔藓？”“古屋不再”了啊，“听听那冷雨”，文章结尾很空旷，也终究“无可奈何花落去”。

本文需要关注的写作特征：

重叠词的大量运用，且重叠方式极富变化，有的是为了加重词义表达的程度，如文中“天潮潮地湿湿”“软绵绵”“料料峭峭”等；更多的则是为了表现出一种节奏感，使文章更富有音乐感，如“淅沥淅沥淅沥”“轻轻重重轻轻”“忐忐忑忑忐忑忑”等。

许多地方省去标点符号，是为了语句在读起来时语势的连贯感觉，让人仅从语势和节奏上就可感受到雨的绵长，感受到雨的弥漫之广。

余光中先生

黄维梁

余教授早年戏称他以右手写诗，以左手写散文。在绵长逾四十年、出书近四十本的写作经历中，左右手所握的，是五色之笔。

诗是余先生的最爱。从《舟子的悲歌》到《梦与地理》，他先后出版过十五本诗集。其诗篇融汇传统与现代、中国与西方，题材广阔，情思深邃，风格屡变，技巧多姿，他可戴中国现代诗的高贵桂冠而无愧。光中先生用紫色笔来写诗。

余教授的散文集，从《左手的缪思》到《隔水呼渡》，共十一本，享誉文苑，长销不衰。他的散文，别具风格，尤其是青壮年时期的作品，如《逍遥游》《望乡的牧神》诸卷篇章，气魄雄奇，色彩灿丽，号称“余体”。他因此建立了美名，也赚到了可观的润笔。光中先生用金色笔来写散文。

文学评论出于余先生的另一支笔。在《分水岭上》专集和其他文章里，他的评论出入古今，有古典主义的明晰说理，有浪漫主义的丰盈意象，解释有度，褒贬有据，于剖情析采之际，力求公正无私如包公判案。光中先生用黑色笔来写评论。

余教授又是位资深的编辑。《蓝星》《文星》《现代文学》诸杂志以及《中华现代文学大系》等选集，其内容都由他的朱砂笔圈点而成。他选文时既有标准，又能有容乃大，结果是为文坛建树了一座座醒目的丰碑。光中先生用红色笔来编辑文学作品。

第五支，是余教授的译笔。这支健笔挥动了近四十年，成品丰富无比。他“中译英”过中国的现代诗，也“英译中”过英美的诗歌、小说以至戏剧。他教翻译，做翻译奖评判，主张要译原意，不一定要译原文。在色彩的象征中，蓝色有信实和忠贞的寓意。光中先生用蓝色笔来翻译。

余光中凭其璀璨的五色之笔，耕耘数十年，成为当代文学的重镇，其诗风文采，影响深远。

余氏才学出众，且用功至勤。他温文尔雅，早生华发，而精力健旺。其演讲极为吸引人，内容充实，见解精到之处，往往风趣幽默，使人解颐。与三数知己聊天时，常常逸兴遄飞，机智灵妙，听者有如沐春风秋阳之感。他的诗歌朗诵清晰浑厚，抑扬有致，极具神韵。

光中先生的夫人为范我存女士，育有四个女儿。伉俪二人情爱深笃，余氏的诗《珍珠项链》和《三生石》，写夫妻之情，深婉动人，一发表就传诵友朋之间。余家四位小姐，都学业有成，有两位目前在大学教书。余老先生讳超英，一生致力侨务，1992年年初逝世，享寿九十七岁。余氏母孙秀君女士，早在1958年仙逝。余氏以新诗志其墓碑，又常于诗文中提及其母。

余氏有散文题为《何以解忧？》，认为除酒之外，读诗、诵诗、学外语、翻译、观星、旅行等，都有助于解忧。他还喜欢开汽车，美国的高速公路、欧陆的山野古道，以至中国香港的大街小巷、中国台湾的南北干线，都是他驰骋过的。他希望有机会也在杨柳依依的咸阳的马路上，追寻古人的踪迹。

余光中上承中国文学传统，兼采西洋艺术。他在新诗上的贡献，有如杜甫之确立律诗；在现代散文上的成就，则有如韩潮苏海的集成与开拓。

秋天的况味

秋天的况味

林语堂

导读

《秋天的况味》是林语堂于1941年所作的一篇散文，当时作者46岁，算是步人生之初秋。借由对秋天的描写，来表达自己对人生之“秋”的理解和领悟，很好地展现了作者抒发个人情怀的小品文章的风格。全文行文舒缓悠游，侃侃而谈，笔调幽默，显示了作者达观清淡的人生态度。

秋天的黄昏，一人独坐在沙发上抽烟，看烟头白灰之下露出红光，微微透露出暖气，心头的情绪便跟着那蓝烟缭绕而上，一样的轻松，一样的自由。不转眼，缭烟变成缕缕的细丝，慢慢不见了，而那霎时，心上的情绪也跟着消沉于大千世界，所以也不讲那时的情绪，而只讲那时的情绪的况味。待要再划一根洋火，再点起那已点过三四次的雪茄，却因白灰已积得太多而点不着，乃轻轻一弹，烟灰静悄悄地落在铜炉上，其静寂如同我此时用毛笔写在纸上一样，一点的声息也没有。于是再点起来，一口一口地吞云吐雾，香气扑鼻，宛如偎红倚翠温香在抱的情调。于是想到烟，想到这烟一股温煦的热气，想到室中缭绕暗淡的烟霞，想到秋天的意味。

这时才忆起，向来诗文上秋的含义，并不是这样的，使人联想的是肃杀，是凄凉，是秋扇，是红叶，是荒林，是萋草。然而秋确有另一意味，没有春天的阳气勃勃，也没有夏天的炎烈迫人，也不像冬天之全入于枯槁凋零。我所爱的是秋林古气磅礴气象。有人以老气横秋骂人，可见是不懂得秋林古色之滋味。在四时中，我于秋是有偏爱的，所以不妨说说。

秋是代表成熟，对于春天之明媚娇艳，夏日之茂密浓深，都是过来人，不足为奇了。所以其色淡，叶多黄，有古色苍茏之概，不单以葱翠争荣了。这是我所谓秋天的意味。大概我所爱的不是晚秋，是初秋，那时暄气初消，月正圆，蟹正肥，桂花皎洁，也未陷入凛冽萧瑟气态，这是最值得赏乐的……那时的温和，如我烟上的红灰，只是一股熏熟的温香罢了。或如文人已排脱下笔惊人的格调，而渐趋纯熟练达，宏毅坚实，其文读来有深长意味。这就是庄子所谓“正得秋而万宝成”结实的意义。在人生上最享乐的就是这一类的事。比如酒以醇以老为佳。烟也有和烈之辨。雪茄之佳者，远胜于香烟，因其味较和。倘是烧得得法，慢慢地吸完一支，看那红光炙发，有无穷的意味。鸦片吾不知，然看见人在烟灯上烧，听那微微哔剥的声音，也觉得有一种诗意。

大概凡是古老、纯熟、熏黄、熟练的事物，都使我得到同样的愉快。如一只熏黑的陶锅在烘炉上用慢火炖猪肉时所发出的锅中徐吟的声调，使我感到同看人烧大烟一样的兴味。或如一本用过二十年而尚未破烂的字典，或是一张用了半世的书桌，或如看见街上一块黑了老气横秋的招牌，或是看见书法大家苍劲雄浑的笔迹，都令人有相同的快乐。

人生世上如岁月之有四时，必须要经过这纯熟时期，如女人发育健全遭遇安顺的，亦必有一时徐娘半老的风韵，为二八佳人所不及者。使我最佩服的是邓肯的佳句："世人只会吟咏春天与恋爱，真无道理。须知秋天的景色，更华丽，更恢奇，而秋天的快乐有万倍的雄壮、惊奇、都丽。我真可怜那些妇女识见褊狭，使她们错过爱之秋天的宏大的赠赐。"若邓肯者，可谓识趣之人。

- 暄（xuān）气：暑热之气。
- 正得秋而万宝成：出自《庄子·杂篇·庚桑楚》："夫春气发而百草生，正得秋而万宝成。"
- 恢奇：杰出，不平常。
- 都丽：华丽，美丽。
- 褊（biǎn）狭：指土地狭窄或气量狭小。
- 邓肯：伊莎多拉·邓肯，美国舞蹈家。她崇尚个性自由，以披头赤脚在舞台上进行表演的形式来排斥芭蕾的僵化与严苛，被誉为"一代舞后"和"现代舞之母"。

写作学习

通过吸烟，作者由香烟那温煦的热气想到了秋天的况味。通过一连串丰富的联想，写出了作者心目中独特的、挚爱的秋天，一反悲秋的传统。

与很多写秋的文章不同，这篇文章不是在秋景中赏秋，而是着重写秋天的人间滋味，即秋天的味觉。为了传达秋天的滋味，作者用了一系列的类比：醇老的酒、雪茄、慢火炖猪肉时所发出的锅中徐吟的声调、用过二十年而尚未破烂的字典、用过半世的书桌、苍劲雄浑的笔迹，从味觉、嗅觉、听觉、视觉等多种角度，极力调动读者的联想，使读者对秋天的况味有一个立体的、丰满的感受。“大概凡是古老、纯熟、熏黄、熟练的事物，都使我得到同样的愉快。”由此，作者的论旨，又超出了秋天的范围。与其说作者是写“秋天的况味”，不如说他是在传达自己的一种人生感悟与审美品位。

秋韵

宗璞

导读

本文讲述作者在秋天寻找秋韵。先是在著名的香山，后来是在法海寺，都失望而归。是另觅他处，还是等待来年？在不抱期待之际，她偶然看到小山与小湖之间的一排银杏树，“绚烂多彩而肃穆庄严，似朦胧而实清明”，正是作者喜欢的景象。但真正的秋韵，是收到一则讣告后作者对人生意义的感悟。

作者宗璞，1928年出生，当代女作家。

京华秋色，最先想到的总是香山红叶。曾记得满山如火如荼的壮观，在太阳下，那红色似乎在跳动，像火焰一样。二三友人，骑着小驴，笑语与“嘚嘚”蹄声相和，循着弯曲小道，在山里穿行。秋的丰富和幽静调和得匀匀的，向每个毛孔渗进来。后来驴没有了，路平坦得多了，可以痛快地一直走到半山。如果走的是双清这一边，一段山路后，上几个陡台阶，眼前会出现一大片金黄，那是几棵大树，现在想来，应是银杏吧。满树茂密的叶子都黄透了，从树梢披散到地，黄得那样滋润，好像把秋天的丰收集聚在那里了。让人觉得，这才是秋天的基调。

今年秋到香山，人也到香山。满路车辆与行人，如同电影散场，或要举行大规模代表会。只好改道万安山，去寻秋意。山麓有一片黄栌，不甚茂密。法海寺废墟前石阶两旁，有两片暗红，也很寥落。废墟上有顺治年间的残碑，镌有“不得砍伐，不得放牧”的字样。乱草丛中，断石横卧，枯树枝头，露出灰蓝的天和不甚明亮的太阳。这似乎很有秋天的萧索气象了。然而，这不是我要寻找的秋的韵致。

有人说，该到圆明园去，西洋楼西北的一片树林，这时大概正染着红、黄两种富丽的颜色。可对我来说，不断地寻秋是太奢侈了，不能支出这时间，且待来年吧。家人说，来年人更多，你骑车的本领更差，也还是无由寻到的。那就待来生吧，我说。大家一笑。

其实，我是注重今世的。清晨照例散步，便是为了寻健康，没有什么浪漫色彩。

这一天，秋已深了，披着斜风细雨，照例走到临湖轩下小湖旁，忽然觉得这景色这般奇妙，似乎我从未到过这里。

小湖南面有一座小山，山与湖之间是一排高大的银杏树。几天不见，竟变成一座金黄屏障，遮住了山，映进了水。扇形叶子落了一地，铺满了绕湖的小径。似乎这金黄屏障向四周渗透，无限地扩大了。循路走去，湖东侧一片鲜红跳进眼帘。这样耀眼的红叶！不是黄栌，黄栌的红较暗；不是枫树，枫叶的红较深。这红叶着了雨，远看鲜亮极了。近看时，是对称的长形叶子，地下也有不少，成了薄薄的一层红毡。在小片鲜红和高大的金黄屏障之间，还有深浅不同的绿，深浅不同的褐、棕等丰富的颜色环抱着澄明的秋水。冷冷的几滴秋雨，更给整个景色添了几分朦胧，似乎除了眼前这一切，还有别的蕴藏。

这是我要寻的秋的韵致了吗？秋天是有成绩的人生，绚烂多彩而肃穆庄严，似朦胧而实清明，充满了大彻大悟的味道。

秋去冬来之时，意外地收到一份讣告，是父亲的一位哲学友人故去了。讣告上除生卒年月外，只有一首遗诗，译出来是这等模样：

不要推却友爱，
不要延迟欢乐。
现在不悟，
便永迷惑。
在这里，
一切都有了着落。

我要寻找的秋韵，原来便在现在，在这里，在心头。

写作学习

作者原本去香山寻找秋天的韵致，不料香山路上人满为患。改道万安山，却见乱草丛中，断石横卧，枯树枝头，只有秋天的萧索气象。作者说，这不是她要寻找的秋韵。那么秋韵在哪里呢？一天，作者来到距离自己住地不远的临湖轩下的小湖旁，忽然就觉得这景色的奇妙，仿佛从未来过。

作者提到的这个“小湖”，其实就是现在北京大学的未名湖，这里的秋景，当然不输任何名胜风光，“冷冷的几滴秋雨，更给整个景色添了几分朦胧，似乎除了眼前这一切，还有别的蕴藏”，作者自问：“这是我要寻的秋的韵致了吗？”

作者似乎有意将我们引入歧途，让我们误以为她想抒发的是踏秋的感悟。但行文至此，笔锋陡转，却写到了一份讣告。原来，作者之前让我们看到的秋的风景，都不是她想要寻找的秋韵。

“现在不悟，便永迷惑”，从父亲的一位哲学友人的遗诗里，作者才有了真正的彻悟，“在这里，一切都有了着落”。“着落”即是“有成绩的人生”的定格。临湖轩小湖旁的那排银杏，就是一个形象化的注释，“绚烂多彩而肃穆庄严，似朦胧而实清明”。作者所寻找的真正的秋韵，就不再是外面的世界，而是“在现在，在这里，在心头”。

秋日

宋·程颢

导读

《秋日》是北宋诗人程颢创作的一首七言律诗。诗人用诗歌的形式总结自己的治学心得，从日常起居入手，写自己贬官后的闲适生活，体现了诗人的自然观和人生观，十分典型地展现出宋代理学知天命、乐大道的通达态度。

作者程颢（1032—1085），北宋著名理学家。

闲来无事不从容，睡觉东窗日已红。
万物静观皆自得，四时佳兴与人同。
道通天地有形外，思入风云变态中。
富贵不淫贫贱乐，男儿到此是豪雄。

闲散的日子里，没有一样事情不是从容自如的；一觉醒来，东边的窗户已被日头照得通红。

静观万事万物，都可以得到自然的乐趣；和所有人一样，有着对一年四季美妙风光的兴致。

道理联通着天地之间一切有形无形的事物，思想渗透进所有风云变幻之中。

能够富贵而不骄奢淫逸，贫贱而能保持快乐，这样的男子汉就是英雄豪杰了。

- 从容：不慌不忙。
- 觉：睡觉醒来。
- 静观：冷静观察。
- 自得：安逸舒适的样子。
- 四时：指春、夏、秋、冬四季。
- 通：通达。
- 淫：放纵。
- 豪雄：英雄豪杰。

写作学习

此诗是作者在秋日里偶然写成，却可以看出诗人程颢的人生态度。诗人心境闲适，不慌不忙，丝毫不觉得有任何压力。走出户外，放眼望去，以平静的心情去欣赏万物时，发现无一不具特色，各有其存在的道理，颇具自得的神情。春、夏、秋、冬四时，也都有各自的美好风光与特殊胜景，这些都要靠人去品味，应该随着四季的变化而享受自然的乐趣。

这首诗是作者反对王安石变法被贬谪后，回到洛阳后所写的。作为一名道德修养已经达到很高境界的理学家，作者所思考的并不是个人的得失与荣辱。他的安闲来自内心的强大，以及对天道至理的探究与把握。即安闲是果，得道是因。这首诗就是体现了作者这样的心态，以内心的安详，对待周遭的一切。

曾有人批评这首诗“议论缺乏形象”，所以“枯燥乏味”，此言其实大谬。为什么他们就看不到“闲来无事不从容，睡觉东窗日已红。万物静观皆自得，四时佳兴与人同”如此鲜明的人物形象呢？这可能仅仅是他们站在一个积极进取的物质世界的层面，不赞成这样的生活态度和人生观而已。然而这样的生活态度，并非一种自我放逐。相反，不仅仅是有通“道”入“思”的超凡，也是对现实人生的一种抵抗姿态。

秋天漫步

傅天琳

导读

“在家里待得久了，花也香得疲惫”，作者厌倦了待在家里的那种单调沉闷的生活，而秋天的田野多么迷人，所以需要走出户外，去秋天的田野，去感受阳光，因为“到秋天它就更可爱了”。

作者傅天琳（1946—2021），当代女诗人。

一

秋天，我们一块儿到田野里去
在家里待得久了
花也香得疲惫
我们去摸一摸阳光
到秋天它就更可爱了
从前门去
从江边去
迷路之后才知道
有无数的路都通向秋天

我们可以任意地走

二

江水唠叨
要我再次公布我的经历
那是山中的柠檬树
但我木质的河道已经奔流
真想划一只小船去江心
洗一洗我的脚丫子
让你骂我好了
你是真诚的但不是永恒的
你是美丽的但不是唯一的

三

但我崇尚秋天的绝对精神
因此我绝对相信
你仍然会说我是勤劳的
在你受人赞叹的果实中
饱含多少被侮辱被损害的眼泪
如果吃起来和眼泪一样苦
那么秋天你一定会惭愧
世界上谁最聪明
当然不是国王
国王总以为自己最聪明

而我们却愿意在每一个秋天
培育一次校正一次自己的灵魂

写作学习

有无数的道路都通向秋天，只要走出门去，无论从前门去，还是从江边去，都必然会看到秋天的景致：也许是金色的树林，也许是结满果实的果树，也许是满地的落叶，也许是收割后的庄稼地……

表面是写实，又具有明显的象征含义。我们往往会在固有的生活轨迹上行走，以为前方才是我们唯一的目标和方向，而迷路是对方向感的丢失，是目标的暂时消失。但诗人偏偏是在“迷路之后”才知道结果，这说明失去方向，让诗人有了更多的方向探索，而更多的方向探索，最终让人知道目标总在前方。所以，生活不一定总是一成不变，不一定总是按照既定的方向行走。生活其实有多种可能性，丧失和迷失，也许意味着全新的自由，“我们可以任意地走”，这是一种经历沧桑后的人生感悟。

《秋天漫步》是诗人对自己生活与人生的反思之作，非常深刻，其中有不少值得品味的警句，如“你是真诚的但不是永恒的，你是美丽的但不是唯一的”“在你受人赞叹的果实中，饱含多少被侮辱和被损害的眼泪”“而我们却愿意在每一个秋天，培育一次校正一次自己的灵魂”等。

济南的秋天

老舍

导读

我们在初中语文课本中已经学过的《济南的冬天》，和我们现在要读的《济南的秋天》，是老舍先生写的姊妹篇，原是描写济南风景名胜的长篇散文《一些印象》中的第四节和第五节。两篇文章中有许多相互呼应的场景，但风格还是有所差异。《济南的冬天》更为恬淡，《济南的秋天》更为有趣。有趣是老舍很在意的事，他说过“文字要生动有趣，必须利用幽默。……晦涩、无趣，是文艺的致命伤”。

济南的秋天是诗境的。设若你的幻想中有个中古的老城，有睡着了的大城楼，有狭窄的古石路，有宽厚的石城墙，环城流着一道清溪，倒映着山影，岸上蹲着红袍绿裤的小妞儿。你的幻想中要是这么个境界，那便是个济南。设若你幻想不出——许多人是不会幻想的——请到济南来看看吧。

请你在秋天来。那城，那河，那古路，那山影，是终年给你预备着的。可是，加上济南的秋色，济南由古朴的画境转入静美的诗境中了。这个诗意秋光秋色是济南独有的。上帝把夏天的艺术赐给瑞士，把春天的赐给西湖，秋和冬的全赐给了济南。秋和冬是不好分开的，秋睡熟了一点便是冬，上帝不愿意把它忽然唤醒，所以做个整人情，连秋带冬全给了济南。

诗的境界中必须有山有水。那么，请看济南吧。那颜色不同，方向不同，高矮不同的山，在秋色中便越发的不同了。以颜色说吧，山腰中的松树是青黑的，加上秋阳的斜射，那片青黑便多出些比灰色深，比黑色浅的颜色，把旁边的黄草盖成一层灰中透黄的阴影。山脚是镶着各色条子的，一层层的，有的黄，有的灰，有的绿，有的似乎是藕荷色儿。山顶上的色儿也随着太阳的转移而不同。山顶的颜色不同还不重要，山腰中的颜色不同才真叫人想作几句诗。山腰中的颜色是永远在那儿变动，特别是在秋天，那阳光能够忽然清凉一会儿，忽然又温暖一会儿，这个变动并不激烈，可是山上的颜色觉得出这个变化，而立刻随着变换。忽然黄色更真了一些，忽然又暗了一些，忽然像有层看不见的薄雾在那儿流动，忽然像有股细风替“自然”调和着彩色，轻轻地抹上一层各色俱全而全是淡美的色道儿。有这样的山，再配上那蓝的天，晴暖的阳光；蓝得像要由蓝变绿了，可又没完全绿了；晴暖得要发燥了，可是有点凉风，正像诗一样的温柔：这便是济南的秋。况且因为颜色的不同，那山的高低也更显然了。高的更高了些，低的更低了些，山的棱角曲线在晴空中更真了，更分明了，更瘦硬了。看山顶上那个塔！

再看水。以量说，以质说，以形式说，哪儿的水能比济南？有泉——到处是泉——有河，有湖，这是由形式上分。不管是泉是河是湖，全是那么清，全是那么甜，哎呀，济南是

“自然”的sweet heart 吧？大明湖夏日的莲花，城河的绿柳，自然是美好的了。可是看水，是要看秋水的。济南有秋山，又有秋水，这个秋才算个秋，因为秋神是在济南住家的。先不用说别的，只说水中的绿藻吧。那份儿绿色，除了上帝心中的绿色，恐怕没有别的东西能比拟的。这种鲜绿色借着水的清澄显露出来，好像美人借着镜子鉴赏自己的美。是的，这些绿藻是自己享受那水的甜美呢，不是为谁看的。它们知道它们那点绿的心事，它们终年在那儿吻着水皮，做着绿色的香梦。淘气的鸭子，用黄金的脚掌碰它们一两下。浣女的影儿，吻它们的绿叶一两下。只有这个，是它们的香甜的烦恼。羡慕死诗人呀！

在秋天，水和蓝天一样的清凉。天上微微有些白云，水上微微有些波皱。天水之间，全是清明，温暖的空气，带着一点桂花的香味。山影儿也更真了。秋山秋水虚幻地吻着。山儿不动，水儿微响。那中古的老城，带着这片秋色秋声，是济南，是诗。

写作学习

老舍是个非常有趣的人，他喜欢上了一个中古的老城，也乐见这个地方被上帝偏爱，“上帝把夏天的艺术赐给瑞士，把春天的赐给西湖”，但上帝却不愿意分开秋和冬，就做了个顺水人情，把秋和冬的整个地赐给了这个可爱的老城——济南。而上帝偏爱的地方总会有点特殊。这点特殊，就是老城的秋天——“济南的秋天是诗境的”。

山色是诗，“山顶的颜色不同还不重要，山腰中的颜色不同才真叫人想作几句诗”，那山色搭配着的蓝天的晴暖阳光要发燥了，凉风就会及时吹来，“正像诗一样的温柔”。

秋水也是诗，济南是自然的甜心，不管是泉是河是湖，全是清甜的，绿藻在甜美的秋水中做着香梦，被浣纱女的影子吻醒，被吻醒是“它们的香甜的烦恼”，“羡慕死诗人呀”。

从表面看来，这篇散文结构很明朗，第一段总括济南秋天的诗境，第二段讲这个诗境是济南独有的，第三段写秋山的诗境，第四段写秋水的诗境。但实际上，它并不是层次分明的，不像《济南的冬天》那样可以被清晰地解析，因为这篇散文借鉴了意识流的写作技巧，这大概是它如此隽永，如此回味悠长，却很少被选入各种阅读读本的原因。

忆老舍

梁实秋

老舍姓舒，满洲正红旗人。旗人在北京以征服者的姿态过着特权阶级的生活，但是到了晚清，逐渐与汉人同化，而且沦为贫苦阶级。旗人冠汉姓，不足为奇。老舍原来姓什么，不知道。满族人无姓，指名为姓。那么本名是什么，也不知道。老舍自己也没有解释过。我近阅崇彝著《道咸以来朝野杂记》（第四七页），据说“满洲八大姓”之一是“舒穆鲁氏”，译姓舒。可能老舍姓舒，是译自舒穆鲁，并不是名字之上冠以汉姓。这是我的猜测，无关宏旨。

老舍生于前清光绪二十四年腊月二十三，就是糖瓜祭灶的那一天。他出生的地点，经胡絜青确实考订（见《正红旗下》附录）是在北京西城护国寺附近的小杨家胡同，以前名为“小羊圈”，后嫌其不雅而改今名，“一个顶小顶小的胡同里……一个很不体面的小院”。现在这小院的门牌是八号。据老舍自己的描写：“我们住的小胡同，连轿车也进不来，一向不见经传。”（见《吐了一口气》）。又说：“那里的住户都是赤贫的劳动人民，最贵重的东西不过是张大妈的结婚戒指（也许是白铜的），或李二嫂的一根银头簪。”又说：“在我还是孩子的时候，我们的小胡同里……夏天佐饭的‘菜’往往是盐拌小葱，冬天是腌白菜帮子，放点辣椒油。还有比我们更苦的，他们经常以酸豆汁度日。它是最便宜的东西，一两个铜板可以买很多。把所能找到的一点粮或菜叶子掺在里面，熬成稀粥，全家分而食之。从旧社会过来的卖苦力的朋友都能证明，我说的一点不假！”（见《勤俭持家》）老舍就是在这样的破落大杂院里长大的，其成分可以说是十分“普罗”的了。唯其因为他生长于贫苦之家，所以他才真正知道什么叫作贫苦，也正因为他亲自体验了贫苦生活，所以他才能写出像《骆驼祥子》那样的小说。

老舍从来不讳言其幼时之穷，时常在文章里叙说他小时候的苦况，但是他不但没有抱怨的意思，而且也从不“以贫骄人”。贫非罪，但是贫却是人的社会的病态。所以老舍的为人与作品充满对穷人的同情，希望穷人的生活能够改善，但是他并不摆出所谓“革命”的姿态。这是他的宽厚处，激烈刚肠，但是有他的分寸。他沉着，他不张牙舞爪。

我认识老舍相当的晚，他早年出版的《老张的哲学》《赵子曰》《二马》引起我注意的大部分是由于他的北平土话。以道地北平土语写文章的人，在他以前也颇有几位，例如北平的一位署名“损公”的作者，经常在《群强报》等发表连载小说，不时地印为单册发行，我们一家人都爱读，觉得亲切有味，有一点像是听相声，滑稽而多讽。老舍的小说规模大，用意深，有新文艺的气象，但是保存了不少的相声味道。土话在文学里有其特殊的地位，于形容特殊人物时以土话表达他的谈吐，特别容易显示其个性，在对话中使用土话已成为广泛使用的技巧，不过老舍的小说是从头到尾成本大套的使用土话，这就不寻常了。以土话写小说，不只是白话文学了。因为白话和土话还是有距离的。我是北平人，特别欣赏他的小说，读他的文字如见其人，一个规规矩矩的和和气气的而又窝窝囊囊的北平旗人。

浮云之歌

白水台看云

吴然

导读

文中的白水台位于云南迪庆，被认为是云南东巴文化的发祥地。文章就是记叙作者到白水台观赏的情况。作者先写了远近所见白水台的奇，然后又写了在白水台上观看到的天上云的美。全文围绕着“云”写景抒怀，表达了对于神秘的东巴文化的敬畏。我们选读的这部分，是原文中主要写白水台的部分。作者将白水台也看作是一朵凝固的云，由此而与作者所观察的天上的云发生了关联，也使全文形成一个整体。

作者吴然，1946年出生，当代儿童文学作家。

汽车转了个弯，远远的，我们看见前面山坡上的白水台了。周围的山是那么幽绿，那么青苍，就在幽绿与青苍中有一大片是晶白，像大山敞露的肌体，纯洁、耀眼、无与伦比。科学解释说，这是泉水中的碳酸钙在阳光作用下沉淀凝聚的结果，一个伟大的化学反应。纳西人说的呢，那就像他们的象形文字那样富有想象，富有诗意了。他们称白水台为“释卜芝”，翻译过来就是一句诗：“逐渐长大的花朵。”科学肯定是对的。纳西人也是对的。科学有科学的解释，纳西人有纳西人的传说。除了诗的描绘，纳西人又以飞腾的想象，说这是“仙人遗田”。当然，仙人在这里种的不是青稞，也不会是苞谷。

这时候，我们已经来到这朵硕大无比的、“逐渐长大的花朵”上，来到仙人留下的、不长庄稼只长想象的“玉埂银丘”里了。你拉来一汽车形容词吧，无论你怎样形容赞叹都不过分，都不会有人嘲笑你的疯狂或者所谓的“酸”。你看，蜂窝似的、浮雕似的乳白的石壁间，石窝里，石板上，是怎样若有若无地美轮美奂地流着滢滢水泉啊！细柔的水丝静谧无声，温润中透着动人的凉意。你不想脱了鞋袜在上面走走？它是那样的丰满，丰满得像一朵云，一朵凝固的云！是的，它就是一朵云，一朵凝固了的云！我惊讶我的这个发现。是白水台给我的灵感！我们站在云朵上，像仙人！这朵云也是在逐渐长大，不断变化的吧？一定是在逐渐长大，不断变化，只是我们看不见，也感觉不到罢了。然而我们看见天上的云，天上的云在不断地生长，不断地变化。呵，白水台不正是最好的观云台吗？

在高原旅行，除了扑眼而来的美景，最使你激动的是什么呢？是天上的云。请想一想，天是那样的蓝，那样的蓝，云是那样的白，那样的白，你会怎样的感动呢？你到什么地方去看这样蓝的天、这样白的云呢？况且，云们是怎样变幻着自己，怎样炫耀着自己啊！我忘不了这一路上的云，我要是能把它们速写下来，我一定是一个了不起的画家。可惜我不是。我们来看白水台的云吧！

写作学习

白水台是泉水中的碳酸钙在阳光作用下沉淀凝聚的结果，属于化学反应。而按纳西人的说法，白水台是“逐渐长大的花朵”。

从远处看白水台，在幽绿与青苍中，有一大片晶白，像大山敞露的肌体，纯洁而耀眼。到白水台上面后，作者看到的是蜂窝似的、浮雕似的乳白的石壁间，石窝里，石板上，流淌着滢滢泉水。

标题《白水台看云》，从文章所写的情况来看，这里的“云”有两层含义：首先是指“白水台”本身。作者说白水台“丰满得像一朵云，一朵凝固的云”，“这朵云也是在逐渐长大，不断变化的吧？一定是在逐渐长大，不断变化”。其次当然还是指天上的云，作者说“我们看见天上的云，天上的云在不断地生长，不断地变化”，并说白水台正是最好的观云台。

庐山的云

林非

导读

从山下看庐山，白云飘荡着升腾着。行车到山中，白云就变成了翻滚的云雾，让人有置身白茫茫大海的感觉。待到了山顶，云雾一会儿消失，一会儿又追踪而来。本文详细地描写了变幻无穷的云给旅游者带来的欢乐的梦幻。

作者林非，1931年出生，学者和散文家。

这条弯弯曲曲的公路，绕过山坳，在深壑对面的峻岭上延伸着，像一根光亮的绸带，插进满山遍野的云雾里去了。

一团团的白云，飘荡着，升腾着，忽然又散开了，稀稀朗朗的。有几朵浓雾，从它后面俯冲过来，猛地降到山谷里去，于是这条像绸带似的公路，又隐约在望了。

寻着它，瞧着它，像在白云里嬉戏似的，多么的神奇！想象自己一会儿也会被汽车带往那儿去，顿时就将任何恐惧的念头，都抛到天外去了。人总不能一辈子躲在屋子里，不冒一点儿风险的。

在呼啸的风声里，看着翻滚的云雾，竟像是白浪滔天。汽车好似在海滨行驶了，这澎湃的波涛，遮住了眼前的一切，冲到公路上来，冲到我们头顶的山坡上来，而面前这白茫茫的大海，于是就完全消失，又露出了重重的峻岭，露出了碧蓝的天空。

汽车刚拐过弯去，消失的云雾又来追踪我们了，一丝丝的，一团团的，一层层的，遮住了群山，遮住了顶空。满世界都变得灰蒙蒙的，真让我怀疑起来，又在大海里漂泊了？我是来攀登庐山的，然而此时分明像是坐在小船里，颠簸于波浪中。

云哟，你这变幻无穷的精灵，给了旅游者多少欢乐的梦幻！当我正编织着云雾的幻想时，汽车到达了牯岭。我走进借宿的旅舍，推开窗户，眺望着屋旁的松林，和松树底下潺潺的小溪时，一朵缥缈的云从房顶垂下，停在窗口，窥探着屋里的动静。我赶紧向它招手，它真的接受了我的邀请，飞进了屋子。等它刚飞到桌子的顶上，就化成一股水汽，飘散开来了。

写作学习

前面吴然写的是在云南迪庆的白水台观云，而著名学者和散文家林非所写的则是庐山的云与雾，不过是更为细致地写出了远处的云如何变成了身边的雾。

作者的视线在变化，云雾也在不断地变化。作者先是从山下看天上的云；然后是乘着汽车上山，完全置身于山中的云雾中，让作者怀疑是否是颠簸于白色的波浪中了；到山顶后，云雾消散了一阵，然后又追踪而来，一丝丝的，一团团的，一层层的，让满世界变得灰蒙蒙的。

不同位置，观察到的云的形态不同。到后来作者借宿之后，还继续写到了云雾入屋的情况：它们化成水汽，飘散开了。

如此变幻无穷的云雾，的确会给旅游者带来“欢乐的梦幻”。

云南看云

沈从文

导读

作者写云南的云，先不正面写云南的云，而是描写了河北、河南、湖湘、青岛等不同地方云的特色，在对比中凸显云南的云素朴、秀美之特点。其实，作者意在借卢锡麟先生办关于云南的云的摄影展一事，提醒抗战大后方的云南的人明白艺术家办展的意图，接受朴素的云南的云的陶冶、启发和改造，拥有较高尚的情感和庄严伟大的理想。

作者沈从文（1902—1988），现代作家。

云南是因云而得名的，可是外省人到了云南一年半载后，一定会和本地人差不多，对于云南的云，除了只能从它变化上得到一点晴雨知识，就再也不会单纯地来欣赏它的美丽了。

看过卢锡麟先生的摄影后，必有许多人方俨然重新觉醒，明白自己是生在云南，或住在云南。云南特点之一，就是天上的云变化得出奇。尤其是傍晚时候，云的颜色，云的形状，云的风度，实在动人。

战争给了许多人一种有关生活的教育，走了许多路，过了许多桥，睡了许多床，此外还必然吃了许多想象不到的苦头。然而真正具有深刻教育意义的，说不定倒是明白许多地方各有各的天气，天气不同还多少影响到一点人事。云有云的地方性：中国北部的云厚重，人也同样那么厚重。南部的云活泼，人也同样那么活泼。海边的云幻异，渤海和南海的云又各不相同，正如两处海边的人性情不同。河南河北的云一片黄，抓一把下来似乎就可以做窝窝头，云粗中有细，人亦粗中有细。湖湘的云一片灰，长年挂在天空一片灰，无性格可言，然而橘子辣子就在这种地方大量产生，在这种天气下成熟，却给湖南人增加了生命的发展性和进取精神。四川的云与湖南的云虽相似而不尽相同，巫峡峨眉夹天耸立，高峰把云分割又加浓，云有了生命，人也有了生命。

论色彩丰富，青岛海面的云应当首屈一指。有时五色相渲，千变万化，天空如展开一张张图案新奇的锦毯。有时素净纯洁，天空只见一片绿玉，别无他物，看来令人起轻快感，温柔感，音乐感。一年中有大半年天空完全是一幅神奇的图画，有青春的嘘息，煽起人狂想和梦想，海市蜃楼即在这种天空下显现。海市蜃楼虽并不常在人眼底，却永远在人心中。

秦皇汉武的事业，同样结束在一个长生不死青春常驻的美梦里，不是毫无道理的。云南的云给人印象大不相同，它的特点是素朴，影响到人性情，也应当是挚厚而单纯。

云南的云似乎是用西藏高山的冰雪，和南海长年的热浪，两种原料经过一种神奇的手续完成的。色调出奇的单纯。唯其单纯反而见出伟大。尤以天时晴明的黄昏前后，光景异常动人。完全是水墨画，笔调超脱而大胆。天上一角有时黑得如一片漆，它的颜色虽然异样黑，给人感觉竟十分轻。在任何地方“乌云蔽天”照例是个沉重可怕的象征，唯有云南傍晚的黑云，越黑反而越不碍事，且表示第二天天气必然顶好。几年前中国古物运到伦敦展览时，记得有一个赵松雪作的卷子，名《秋江叠嶂》，净白的澄心堂纸上用浓墨重重涂抹，给人印象却十分秀美。云南的云也恰恰如此，看来只觉得黑而秀。

可是我们若在黄昏前后，到城郊外一个小丘上去，或坐船在滇池中，看到这种云彩时，低下头来一定会轻轻地叹一口气。具体一点将发生“大好河山”感想，抽象一点将发生“逝者如斯”感想。心中可能会觉得有些痛苦，为一片悬在天空中的沉静黑云而痛苦。

近两个月来本市连续的警报，城中二十万市民，无一不早早地就跑到郊外去，向天空把一个个颈脖昂酸，无一人不看到过几片天空飘动的浮云。仰望结果，不过增加了许多人对于财富得失的忧心罢了。

一个人若乐意在地下爬，以为是活下来最好的姿势，他人劝他不妨站起来试走走看，或更盼望他挺起脊梁来做个人，当然是不会有什么结果的。

就在这么一个社会这么一种精神状态下，卢先生却来昆明展览他在云南的摄影，告给我们云南法币以外还有些什么值得注意。即以天空的云彩言，色彩单纯的云有多健美，多飘逸，多温柔，多崇高！观众人数多，批评好，正说明只要有人会看云，就能从云影中取得一种诗的感兴和热情，还可望将这种可贵的感情，转给另外一种人。换言之，就是云南的云即或不能直接教育人，还可望由一个艺术家的心与手，间接来教育人。

我们如真能够像卢先生那么静观默会天空的云彩，云物的美丽景象，也许会慢慢地陶冶我们，启发我们，改造我们，使我们习惯于向远景凝眸，不敢堕落，不甘心堕落，我以为这才像是一个艺术家最后的目的。

正因为这个民族是在求发展，求生存，战争已经三年，战争虽败北，虽死亡万千人民，牺牲无数财富，可并不气馁，相信坚持抗战必然翻身。

就为的是这战争背后还有个庄严伟大的理想，使我们对于忧患之来，在任何情形下都能忍受。我们其所以能忍受，不特是我们要发展，要生存，还要为后来者设想，使他们活在这片土地上更好一点，更像人一点！

我们责任那么重，那么困难，所以不特多数知识分子必然要有一个较坚朴的人生观，拉之向上，推之向前，就是做生意的，也少不了需要那么一份知识，方能够把企业的发展与国家的发展放在同一目标上，分途并进，异途同归，抗战到底！

所以我觉得卢先生的摄影，不仅仅是给人看看，还应当给人深思。

写作学习

这篇文章写于1940年，时值抗战之时，社会动荡，人们在战乱中讨生活。在“熙熙攘攘，皆为利往，挤挤挨挨，皆为利来”的人事状态下，“卢先生却来昆明展览他在云南的摄影”一事，拨动了作者敏感的神经，于是有了这样一篇名作。

但作者却无心就卢先生的作品品评，而是宏观把握，发掘自己心灵上同摄影作品的共鸣处，由对卢锡麟先生的摄影的观感，写到云的地方性与风土人情的关系，突出了云南的云变化出奇、素朴单纯和黑而秀的特点。通过对云南美丽的云的欣赏，表达了对当时国难当头却只重眼前利益、自我麻醉的众生的一种呼唤和痛苦的叹息。更重要的是，用卢先生的追求“启发我们，改造我们”，使处于抗战风云下的人“不敢堕落，不甘心堕落”，使人们看到抗战全局、民族整体目标。

在写作特色上，本文善于写景，运用了比喻、拟人、对比映衬和形象描绘等多种手法，出神入化地描写了云南的云的特点。首先，作者从云的色彩、云的形态、云的风度几个层面，写出了云的地方性特征。用形象的比喻写出各地的云的不同：“河南河北的云一片黄，抓一把下来似乎就可以做窝窝头”；青岛海面的云如锦毯上新奇的图案；云南的云“完全是水墨画，笔调超脱而大胆”，“有时黑得如一片漆”。其次，通过对比映衬凸现云南的云“黑而秀”“变化得出奇”“色调出奇的单纯”的特点，文中写道：“在任何地方‘乌云蔽天’照例是个沉重可怕的象征，唯有云南傍晚的黑云，越黑反而越不碍事，且表示第二天天气必然顶好。”在对比映衬中突出云南的云“黑而秀”的特征。再次，文中用“活泼”“粗中有细”等词语，赋予云以人的性格与个性，拟人手法的运用，增强了语言的形象性。

云来山更佳

元·张养浩

导读

这首元代小曲的原名为《双调·雁儿落兼得胜令·退隐》。这首小曲既写出了山的动态，又写出了山色变化；既表现了云山的浑然一体，又表达了诗人退隐在山野的怡然自适。

作者张养浩（1270—1329），元代著名政治家和文学家。

云来山更佳，云去山如画。山因云晦明，云共山高下。倚仗立云沙，回首见山家。野鹿眠山草，山猿戏野花。云霞，我爱山无价。看时，行踏，云山也爱咱。

白云飘来，山景迷蒙更美好。白云飘去，山色晴明如图画。山因云的来去，而或暗或明；云因山的高低，而或上或下。我倚着手杖，站立在高山云海；回头去看山那边的风景：野鹿在山草中安眠，山猿在野花中戏玩。云蒸霞蔚，我爱这高贵无比的山。我一边看一边行走，那云那山，也对我充满爱意。

- 晦明：时暗时明。晦，昏暗不明。
- 倚仗：即倚杖。
- 云沙：犹言云海。这里指苍茫空旷、云沙相接之处。
- 山家：山那边。家，同“价”。
- 行踏：来来往往、边走边看的样子。

写作学习

这是一幅生动逼真的山水图画，也是一首赞美自然风光的优美歌曲。作者以优美的文句形象地表现了人与自然紧密联系、契合无间的美好画面。

第一和第二句描写山高云深的景色。高山之上，云雾缭绕，山色因云彩的飘忽不定而忽明忽暗，忽隐忽现，云彩则因山的高低不同而有上有下，错落分布。这种被自然赋予的奇特景色，在作者笔下得到了生动表现。

第三和第四句写人的前后瞻顾。“立”字写尽了作者对云山景色的无限眷恋，注目而观，生怕放过了这变幻莫测的奇妙景致。“眠”写野鹿在山草中悠闲卧睡的神态，“戏”写出猿在野花中欢跳嬉戏的状态，构成了一幅恬静、平和、有动有静的画面，表现了作者陶醉云山、恬然自得的隐后生活的情趣。

最后两句写出了作者对山中景色的眷眷深情。作者边走边看，细味山色景观，人山之间似乎产生了浓厚的感情，从而形成了物我浑然一体的交融境界。

我好似一朵孤独的流云

［英］威廉·华兹华斯

导读

《我好似一朵孤独的流云》是英国著名诗人威廉·华兹华斯的代表作之一，这里是节选的该诗前两段。诗人将自己比喻为一朵孤独的流云，孤独地在天空飘荡。但他发现了一大片金色的水仙，它们欢快地遍地开放。水仙在这里已经不是一种植物了，而是象征着一种灵魂和精神。

我好似一朵孤独的流云，
高高地飘游在山谷之上。
突然我看到一大片鲜花，
是金色的水仙遍地开放。
它们开在湖畔，开在树下，
它们随风嬉舞，随风飘荡。

它们密集如银河的星星，
像群星在闪烁一片晶莹；
它们沿着海湾向前伸展，

通往远方仿佛无穷无尽；
一眼看去就有千朵万朵，
万花摇首舞得多么高兴。

（顾子欣　译）

写作学习

诗人的妹妹在1802年4月15日的日记里写道：“我们在高巴诺公园不远处的林中发现了几株临水的水仙花……我们继续往前走时，水仙花越来越多……我从没有看见过如此美丽的水仙花。”两年后，诗人华兹华斯根据当时的感受写下了《咏水仙》，由于该诗的首句是“我好似一朵孤独的流云”，所以许多节选也以首句为诗名。

经过长时间的酝酿，诗人感悟出某种与大自然息息相通的契机。物我的交感，情的交融，言外之意与象外之境，突然贯通而使诗人的心胸升华到一种崇高的境界。人与自然本为一体，然而文明的发展不断促使人自身的异化，人慢慢成了自然的对立面。诗人借这首诗，表达人性的复归即是对自然的回归。诗人也正是在此拾回未泯的童心。

华兹华斯的诗歌与自然

李燕

华兹华斯是18世纪英国著名的浪漫主义诗人，有“湖畔诗人”的美称。他一生创作了《抒情歌谣集》（1798、1800，与柯勒律治合作）、《序曲》（1805）等优秀的诗集，留下了多首脍炙人口的诗歌佳作。他的诗歌，时时处处体现着大自然的影子，诗人更是把歌颂大自然作为其诗歌的核心。

以歌咏大自然为中心。

与同时代的其他英国诗人相比，华兹华斯是最乐于也是最善于描写大自然的。这方面的诗歌是他作品中最有艺术造诣的部分，在英国同类诗歌中也是成就最高的。他对大自然怀有深厚的感情，对实现了工业化后具有某种痼疾的城市却颇为厌恶。他认为，大自然能够启迪人性的博爱和善良的情感，而且，融合在大自然中能够使人得到真正的幸福。他一生中的绝大多数时间都是在他出生地所在的湖区一带度过的。他的诗歌中有很大一部分就是直观地描绘那里的自然风景。因此，艺术评论家罗斯金曾十分恰当地称他为那个时代英国诗坛上的风景画家。诗《反其道》：

起来
朋友
丢开手中的书本
书只会带来沉闷
……

用对比讽刺学究，鼓励人们到大自然中去。《瀑布与野蔷薇》《致山雀》也同样反映了华兹华斯对大自然的喜爱。

华兹华斯的大自然诗作，把农人、乡村生活作为其中的重要组成部分。

在《抒情歌谣集》序言中，关于诗歌体裁，华兹华斯认为诗歌应该突破古典主义的“规范”，把审美对象从宫廷转向民间，从城市转向山乡湖畔。他主张“选择日常生活的事件和情节”，而在这种选择中他又“通常都选择未见的田园生活作为题材”。因为“在这种生活里，我们的各种基本情感共同存在于一种更为单纯的状态之下”，“人们的热情是与自然的美和永久的形式合而为一的”。

《坎伯兰的老乞丐》《我们共七个》《孤独的收割人》《艾丽达·菲尔》《露丝》等优秀诗篇，表现了乞丐、收割者的形象，号召人们更加关注他们的尊严和价值。

《坎伯兰的老乞丐》以一个老乞丐入诗，表现了华兹华斯对哪怕是最低贱的生命的同情和尊重。他甚至不愿看到老乞丐“被关进误称习艺所的工厂”。因为老乞丐的流浪生活更接近自然，因此更善，“一如在大自然的照看下生活——让他也在大自然的照看下死去吧！”

《我们共七个》是华兹华斯在诗歌语言方面进行革新的代表作。全诗基本由诗人与一个小女孩的对话构成，用的是英语口语，浅显、明快，童稚的回答反映了小姑娘对死亡的漠然，表达了对农人卑微但庄严的生命的敬意。

《艾丽达·菲尔》的副标题是《贫困》。诗中写一个风雨交加的夜晚，诗人坐在驿车上赶路，听到有凄苦的号声，便叫车夫停下车来。结果发现驿车后面蜷缩着一个小姑娘，她叫艾丽达·菲尔，因为斗篷被缠到车轮里成了一团破烂布而哭泣。“贫困”的主题就从小姑娘的哭泣中表现了出来。但是，诗人并没有从“贫困”引出“控诉”，而是以仁爱和欢乐结束了这首诗。

华兹华斯对大自然的爱并不限于感性的层面，他把大自然与神性、永恒联系起来。

华兹华斯认为“诗和人是自然的形象”，“所有好诗，都是强烈情感的自然流露”，诗人是“人性最强的保卫者”。他的许多诗都表现了他在大自然中的狂喜心态。在他看来，自然不是单纯的自然，它具有包含宇宙精神及上帝恩德的非凡灵性。他意识到自然本身把他引到了超越自然的境界。这种境界便是对永恒的真善美的追求，是对终极真理、道德感化、崇高理想的深刻领悟及切实把握。通过对人类、自然、神性这三者关系的探索，他期望叩开通往人生与人性理想之国的大门。《致杜鹃》《我独自漫游像一朵云》深刻地表达了诗人这一体悟。

在华兹华斯看来，大自然的真谛并非人人都能体悟到，在这方面，儿童比成人有更优越的条件。

对于儿童，华兹华斯有他自己独到的看法，他将儿童与自然联系在一起，他认为，大自然是上帝与人类的纽带。人与自然同从上帝这一源头涌出，人在出生之前就有灵魂，而且是在天国中领受了上帝的圣恩，对于人来说，那是一种至圣完美的“前存在”（即未被污染的自然）。就人的一生而言，儿童离灵魂的“前存在”最近，因而能够时时在自然界看到、感受到天国的容光，儿童在出生时是带着神性来到尘世的，因而儿童的身上充满了神性，他们懂得和自然进行交流，聆听自然的教诲，接受自然的滋养。

《颂诗：忆幼年而悟不朽》是一篇关于童心、童趣、鸟雀、花儿以及感应、神圣、永恒等的颂歌。它使人强烈地意识到，自然界中和人性里一切天然的东西才是最真实、最可贵的。他尊重儿时，因为只有那时才拥有纯粹的天性，也只有那时的本能和欢乐才是人间幸福的无尽源泉。他称儿童是成人的父亲，说“最微贱的花朵能给人深刻的眼泪也无法表达的思绪”。总之，永恒存在于自然之中。

诗是强烈情感的自然流露，它起源于在平静中回忆起来的情感。

华兹华斯这一创作经验来源于他和妹妹在德国居住时对英国生活的回忆。同样，这种经验也可以扩展到儿童与成人，成人不可能回到儿童，但可以通过回忆回到过去。

如《我独自漫游像一朵云》（又译《咏睡莲》）：

我独自漫游像一朵云，/在天空浮过谷和山，/蓦然间我见到一群、/一片金黄色的水仙，/依傍着湖，长在树底，/在微风中起舞翩翩。

连绵有如繁星闪光，/烁烁在银河上面，/它们展延成无尽的长行，/沿着一片水湾的岸边：/我一眼瞥见万把颗，/它们抬起头曼舞婆娑。

旁边的水波跳动，它们，/却比闪耀的水波更欢：/一个诗人怎能不开心，/亲近着这些快乐的侣伴！/我凝视——又凝视——却很少考虑/这光景给了我怎样的富足：

因为常常，当我躺在榻上/空闲着或沉思着的时刻，/它们的身影就照亮想象——/想象乃孤独中的至乐；/于是我的心充满了欢愉，/随同水仙而翩翩起舞。

大自然能给人双重的美感——亲历的美感和回忆的美感，而后者比前者更持久。这反映了华兹华斯的哲学。这首诗展现了多角度、多方位的对比。过去时态和现在时态的对比，时态对比来自两个方面———人的活动和大自然活动的对比、亲历的美感和回忆的美感对比，前者是短暂的，后者是永恒的。其次还有孤独的空虚的忧伤的诗人和迎风开放的快乐的欢心的黄水仙的对比，黄水仙的快乐和水波的快乐的对比，二者都快乐，但水仙更快乐。诗中还有些许渲染，被水仙的这种快乐感染，诗人怎能不感到快乐？

正如中国学者黄杲炘对华兹华斯评价的那样，“他对大自然怀有深厚的感情，认为大自然的自然美能够启迪人性中的博爱和善良的情感，融合在大自然中能够使人得到幸福”。华兹华斯全身心投入自然的怀抱，用自己的全部才能、智慧和热情真诚地讴歌大自然；展示它的力量、和谐与美；揭示出作为人类之母的大自然带给人类的恩惠，以及对人类产生的深刻影响。也正因此华兹华斯成了英国文学史上“伟大的自然诗人”。

冬日漫步

冬日漫步

［美］梭罗

导读

《冬日漫步》是梭罗的一篇散文佳作，我们从中节选出的是描写清晨雪景的部分。大自然是人类生存的根基，是我们的保姆和良友；大自然能磨炼人的意志，净化人的心灵。这是本文试图揭示的主题。所以凡是能在寒冷荒僻和严酷环境下生存的人，都令人敬佩。

作者梭罗（1817—1862），美国作家、哲学家。

我们也睡着了，一觉醒来，正是冬天的早晨。万籁无声，雪厚厚的堆着，窗槛上像是铺了温暖的棉花，窗格子显得加宽了，玻璃上结了冰纹，光线暗淡而静，更加强了屋内舒适愉快的感觉。早晨的安静，似乎静在骨子里，我们走到窗口，挑了一处没有冰霜封住的地方，眺望田野的景色，可是我们单是走这几步路，脚下的地板已经在吱吱地响。窗外一幢幢的房子都是白雪盖顶；屋檐下、篱笆上都累累地挂满了雪条；院子里像石笋似的站了很多雪柱，雪里藏的是什么东西，我们却看不出来。大树小树四面八方地伸出白色的手臂，指向天空；本来是墙壁篱笆的地方，形状更是奇怪。在昏暗的大地上，它们向左右延伸，如跳如跃，似乎一夜之间，大自然把田野风景重新设计过了，好让人间的画师来临摹。

我们悄悄地拔去了门闩，雪花飘飘，立刻落到屋子里来；走出屋外，寒风迎面扑来，利如刀割。星光已经不那么闪烁光亮，地平线上笼罩着一层昏昏的铅状的薄雾。东方露出一种奇幻的古铜色的光彩，表示天快要亮了；可是四面的景物，还是模模糊糊，一片幽暗，鬼影幢幢，疑非人间。耳边的声音，也带一种鬼气——鸡啼狗吠，木柴的砍劈声，牛群的低鸣声——这一切都好像是阴阳河彼岸冥王的农场里所发出的声音。声音本身并没有特别凄凉之处，只是天色未明，这种种活动显得太庄严了，太神秘了，不像是人间所有的。院子里的雪地上，狐狸和水獭所留下的印迹犹新，这使我们想起：即使在冬夜最静寂的时候，自然界生物没有一个钟头不在活动，它们还在雪上留下痕迹。把院门打开，我们以轻快的脚步，跨上寂寞的乡村公路，雪干而脆，脚踏上去发出破碎的声音。早起的农夫，驾了雪橇，到远处的市场去赶早市。这辆雪橇一夏天都在农夫的门口闲放着，与木屑稻梗为伍，现在可有了用武之地，它的尖锐、清晰、刺耳的声音，对于早起赶路之人，也有提神醒脑的作用。农舍窗上虽然积雪很多，但是屋里的农夫已经早把蜡烛点起，烛光孤寂地照射出来，像一颗暗淡的星。树际和雪堆之间，炊烟也是一处一处地从烟囱里往上飞升。

大地冰冻，远处鸡啼狗吠，从各处农舍门口，也不时地传来劈柴的声音。空气稀薄干寒，只有比较美妙的声音才能传入我们的耳朵，这种声音听来都有一种简短的可是悦耳的颤动。凡是至清至轻的流体，波动总是少发即止，因为里面粗粒硬块，早就沉到底下去了。声音从地平线的远处传来，清越明亮，犹如钟声。冬天的空气清明，不像夏天那样的多杂质阻碍，因此声音听来也不像夏天那样的毛糙模糊。脚下的土地，铿锵有声，如叩坚硬的古木。一切乡村间平凡的声音，此刻听来都美妙悦耳；树上的冰条，互相撞击，其声琤琤，如流水，似妙乐。大气里面一点水分都没有，水蒸气不是干化，就是凝结成冰霜的了。空气十分稀薄而似有弹性，人呼吸其中，自觉心旷神怡。天似乎是绷紧了的，往后收缩，人从下向上望，很像处身大教堂中，顶上是一块连一块弧状的屋顶。空气中闪光点点，好像有冰晶浮游其间。据在格陵兰住过的人告诉我们说，那边结冰的时候，“海就冒烟，像大火燎原一般。而且有一种雾气上升，名叫烟雾。这种烟雾有害健康，伤人皮肤，能使人手脸等处生疮肿胀”。我们这里的寒气，虽然其冷入骨，然而质地清纯，可提神，可清肺。我们不能把它认为是冻结的雾，只能看作是仲夏的雾气的结晶，经过寒冬的洗涤，越发变得清纯了。

太阳最后总算从远处的林间上升，阳光照处，空中的冰霜都融化，隐隐之中似乎有铙钹伴奏，铙钹每响一次，阳光的威力逐渐增加。时间很快从黎明变成早晨，早晨也愈来愈老，很快地把西面远处的山头，镀上一层金色。我们匆匆地踏着粉状的干雪前进，因为思想感情更为激动，内心发出一种热力，天气也好像变得像十月小阳春似的温暖。假如我们能改造我们的生活，和大自然更能配合一致，我们也许就无须畏惧寒暑之侵，我们将同草木走兽一样，认大自然是我们的保姆和良友，她是永远照顾着我们的。

大自然在这个季节，特别显得纯洁，这是使我们觉得最为高兴的。残干枯木，苔痕斑斑的石头和栏杆，秋天的落叶，现在被大雪淹没，像上面盖了一块干净的手巾。寒风一吹，无孔不入，一切乌烟瘴气都一扫而空，凡是不能坚贞自守的，都无法抵御。因此凡是在寒冷荒僻的地方（例如在高山之顶），我们所能看得见的东西，都是值得我们尊敬的，因为它们有一种坚强的淳朴的性格——一种清教徒式的坚韧。别的东西都寻求隐蔽保护去了，凡是能卓然独立于寒风之中者，一定是天地灵气之所钟，是自然界骨气的表现，它们具有和天神一般的勇敢。空气经过洗涤，呼吸进去特别有劲。空气的清明纯洁，甚至用眼睛都能看得出来。我们宁可整天处在户外，不到天黑不回家，我们希望朔风吹过光秃秃的大树一般吹澈我们的身体，使得我们更能适应寒冬的气候。我们希望借此能从大自然借来一点纯洁坚定的力量，这种力量对于我们是一年四季都有用的。

（夏志清　译）

写作学习

在晨光熹微中，原来的世界变成了一个冰雪童话世界。作者在室内向窗外望去，视线所及，随物赋形，无不栩栩如生。院子里的大小树木居然“四面八方地伸出白色的手臂，指向天空”；本是墙壁篱笆的地方竟“向左右延伸，如跳如跃”。

作者用化静为动的手法，把这个冰冷凝冻的世界写得生机勃勃。随作者来到屋外，我们便置身于幽秘神奇的意境之中。半明半暗的曙色赋予模糊不清的景物以奇特的形状，如同鬼怪，如同幽灵。远处农舍里传出来的种种声音，在这清冷的宇宙中也显得分外奇妙。接着作者便叙述了人在这种情境中的特殊感受：除能呼吸到沁人肺腑的新鲜空气之外，还能听到美妙悦耳的声响。

作者运用一系列的比喻把抽象的感觉具体化了：从远处传来的声音清越明亮“如钟声”，脚下的土地发出了“如叩坚硬的古木”的铿锵声；树上的冰条相互撞击，发出了“如流水，似妙乐”的琤琤声……梭罗笔下的日出，妙就妙在让人不仅见其形，而且闻其声，“隐隐之中似乎有铙钹伴奏，铙钹每响一次，阳光的威力逐渐增加”。太阳冉冉升起，就像威严的君王驾临的场面一样庄重、伟大，作者的文字真是清新脱俗！

作者并不是纯客观地描绘这些自然景象的，而是赋予他笔下的景物以强烈的个性特征，并从中挖掘出大自然对于人生的意义。他笔下的冰雪世界，有一种“坚强的淳朴的性格——一种清教徒式的坚韧”，他认为凡能在这种严酷的自然环境中生存下来的生物，都是自然界中的佼佼者，因而这种自然环境能磨炼人的意志，净化人的心灵。

江南的冬景

郁达夫

导读

《江南的冬景》是作者创作于1935年底的一篇散文。这篇散文通过北方冬景、闽粤地区冬景的对比，突出了江南冬景中的诗情画意。文章多次引用古诗，也为描写景致添加了韵味。同时还采用点染等表现技巧，加强了文章的艺术表现力。

作者郁达夫（1896—1945），现代著名作家。

凡在北国过过冬天的人，总都知道围炉煮茗，或吃涮羊肉、剥花生米、饮白干的滋味。而有地炉、暖炕等设备的人家，不管他门外面是雪深几尺，或风大若雷，而躲在屋里过活的两三个月的生活，却是一年之中最有劲的一段蛰居异境；老年人不必说，就是顶喜欢活动的小孩子们，总也是个个在怀恋的，因为当这中间，有的是萝卜、雅儿梨等水果的闲食，还有大年夜、正月初一、元宵等热闹的节期。

但在江南，可又不同；冬至过后，大江以南的树叶，也不至于脱尽。寒风——西北风——间或吹来，至多也不过冷了一日两日。到得灰云扫尽，落叶满街，晨霜白得像黑女脸上的脂粉似的清早，太阳一上屋檐，鸟雀便又在吱叫，泥地里便又放出水蒸气来，老翁小孩就又可以上门前的隙地里去坐着曝背谈天，营屋外的生涯了；这一种江南的冬景，岂不也可爱得很么？

我生长在江南，儿时所受的江南冬日的印象，铭刻特深；虽则渐入中年，又爱上了晚秋，以为秋天正是读读书、写写字的人的最惠季节，但对于江南的冬景，总觉得是可以抵得过北方夏夜的一种特殊情调，说得摩登些，便是一种明朗的情调。

我也曾到过闽粤，在那里过冬天，和暖原极和暖，有时候到了阴历的年边，说不定还不得不拿出纱衫来着；走过野人的篱落，更还看得见许多杂七杂八的秋花！一番阵雨雷鸣过后，凉冷一点，至多也只好换上一件夹衣，在闽粤之间，皮袍棉袄是绝对用不着的！这一种极南的气候异状，并不是我所说的江南的冬景，只能叫它作南国的长春，是春或秋的延长。

江南的地质丰腴而润泽，所以含得住热气，养得住植物；因而长江一带，芦花可以到冬至而不败，红叶亦有时候会保持得三个月以上的生命。像钱塘江两岸的乌桕树，则红叶落后，还有雪白的桕子着在枝头，一点一丛，用照相机照将出来，可以乱梅花之真。草色顶多成了赭色，根边总带点绿意，非但野火烧不尽，就是寒风也吹不倒的。若遇到风和日暖的午后，你一个人肯上冬郊去走走，则青天碧落之下，你不但感不到岁时的肃杀，并且还可以饱觉着一种莫名其妙的含蓄在那里的生气；“若是冬天来了，春天也总马上会来”的诗人的名句，只有在江南的山野里，最容易体会得出。

说起了寒郊的散步，实在是江南的冬日，所给予江南居住者的一种特异的恩惠；在北方的冰天雪地里生长的人，是终他的一生，也绝不会有享受这一种清福的机会的。我不知道德国的冬天，比起我们江浙来如何，但从许多作家的喜欢以Spaziergang（散步）一字来做他们的创作题目的一点看来，大约是德国南部地方，四季的变迁，总也和我们的江南差别不多。譬如说19世纪的那位乡土诗人洛在格（Peter Rosegger，1843—1918）吧，他用这一个“散步”做题目的文章尤其写得多，而所写的情形，却又是大半可以拿到中国江浙的山区地方来适用的。

江南河港交流，且又地滨大海，湖沼特多，故空气里时含水分；到得冬天，不时也会下着微雨，而这微雨寒村里的冬霖景象，又是一种说不出的悠闲境界。你试想想，秋收过后，河流边三五家人家会聚在一道的一个小村子里，门对长桥，窗临远阜，这中间又多是树枝槎枒的杂木树林；在这一幅冬日农村的图上，再撒上一层细得同粉也似的白雨，加上一层淡得几不成墨的背景，你说还够不够悠闲？若再要点些景致进去，则门前可以泊一只乌篷小船，茅屋里可以添几个喧哗的酒客。天垂暮了，还可以加一味红黄，在茅屋窗中画上一圈暗示着灯光的月晕。人到了这一个境界，自然会胸襟洒脱起来，终至于得失俱亡，死生不问了；我们总该还记得唐朝那位诗人作的“暮雨潇潇江上村”的一首绝句吧？诗人到此，连对绿林豪客都客气起来了，这不是江南冬景的迷人又是什么？

一提到雨，也就必然地要想到雪。“晚来天欲雪，能饮一杯无？”自然是江南日暮的雪景。“寒沙梅影路，微雪酒香村”，则雪月梅的冬宵三友，会合在一道，在调戏酒姑娘了。“柴门闻犬吠，风雪夜归人”，是江南雪夜更深人静后的景况。“前村深雪里，昨夜一枝开”，又到了第二天的早晨，和狗一样喜欢弄雪的村童来报告村景了。诗人的诗句，也许不尽是在江南所写，而作这几句诗的诗人，也许不尽是江南人，但假了这几句诗来描写江南的雪景，岂不直截了当，比我这一支愚劣的笔所写的散文更美丽得多？

有几年，在江南也许会没有雨没有雪地过一个冬，到了春间阴历的正月底或二月初再冷一冷下一点春雪的；去年（一九三四）的冬天是如此，今年的冬天恐怕也不得不然，以节气推算起来，大约太冷的日子，将在一九三六年的二月尽头，最多也总不过是七八天的样子。像这样的冬天，乡下人叫作旱冬，对于麦的收成或者好些，但是人口却要受到损伤；旱得久了，白喉、流行性感冒等疾病自然容易上身，可是想恣意享受江南的冬景的人，在这一种冬天，倒只会感到快活一点，因为晴和的日子多了，上郊外去闲步逍遥的机会自然也多；日本人叫作Hiking（徒步行走）、德国人叫作Spaziergang（散步）狂者，所最欢迎的也就是这样的冬天。

窗外的天气晴朗得像晚秋一样；晴空的高爽，日光的洋溢，引诱得使你在房间里坐不住，空言不如实践，这一种无聊的杂文，我也不再想写下去了，还是拿起手杖，搁下纸笔，上湖上散散步吧！

写作学习

为了写出江南的独特景色来，作者运用了对比衬托的方法，先写了北国的冬景——围炉煮茗，吃涮羊肉，喝白干等，又写了南国的冬景——岁末着纱衫，篱落开秋花等，写这些是为了烘托江浙一带冬景的特点。

江南的冬景有它特殊的情调、特殊的美。这种情调美，是从细致的江浙景色的描绘中流露出来的。作者调用纤敏的感受力和传神的文字来写江南冬景的风韵。长江沿岸，有到冬至而不败的芦花，可以乱梅花之真的柏子，根边总带点绿意的赭色的草。没有岁时肃杀的严酷，却有春之将至的生气。

江南的冬景是暖融融的，这种纤敏的感觉还可从作者描绘的冬雨、冬雪的细节中体会到。“秋收过后，河流边三五家人家会聚在一道的一个小村子里，门对长桥，窗临远阜……加上一层淡得几不成墨的背景，你说还够不够悠闲？”寥寥几笔，逼真地勾画出一幅悠闲的微雨寒村图。江南的冬雪也是温暖迷人的，引用的古典诗词已经惟妙惟肖地写出江南冬雪的美丽。作者又写到了江南的春雪，对于“想恣意享受江南的冬景的人，在这一种冬天，倒只会感到快活一点，因为晴和的日子多了，上郊外去闲步逍遥的机会自然也多”。

江南冬景充满着生机，充满着春之将至的美，作者对这美好景致的感情，在字里行间流动着，读者的感情自然也随之流动了。

早冬

唐·白居易

导读

这是诗人赞美江南冬景的一首诗，和前面我们阅读的郁达夫的《江南的冬景》一样，都是在北方的冬景作为背景和对照，无论是景致还是人间烟火，也都与郁达夫的散文在有着一致的神韵。诗人差点就把这江南的冬景，直接描绘成了春天的模样。

十月江南天气好，可怜冬景似春华。
霜轻未杀萋萋草，日暖初干漠漠沙。
老柘叶黄如嫩树，寒樱枝白是狂花。
此时却羡闲人醉，五马无由入酒家。

江南的十月天气很好，冬天的景色仍然有春天的盛貌。霜降轻微，还不足以使青草变黄；阳光照耀，暖干了水边密布的沙砾。老柘树叶子是黄色的，犹如一棵娇嫩的小树；樱树在寒冷天，还开着枝枝白花。这个时候的我只羡慕喝酒人的那份清闲，所以也不知不觉走入酒家。

注释

- 可怜：令人喜欢，讨人喜欢。
- 春华：比喻春天的景象。
- 萋萋：草木茂盛的样子。
- 漠漠：密布。
- 狂花：盛开的花。
- 五马：《古乐府》据汉制以“五马”表现太守的行踪，后用为典故。

写作学习

农历十月，在北方已算是进入冬天了，但江南却仍然有着春天般的模样。虽有轻霜，但还不至于冻死青草；天气干燥让水边成沙，但阳光尚暖。虽然老柘树叶是黄色的，看起来却像小树。樱树在这个季节，竟然还开出了许多白色的花。

这首诗应该是诗人在任职苏杭期间所写的。诗人原本是北方人，后来在江南做官，才发现这南方的早冬与北方完全不同。不仅是天气不同，这里的人也悠闲。农忙时节之后的冬季，大家都闲了下来，可江南不像北方，为逃避严寒，人们就只能关闭在家。他们依然在饮酒社交，在热闹地生活，让这位从北方来南方做官的诗人也不由得跟随他们进了酒馆。

从诗中我们可以看出，在江南早冬时节的诗人，心情是愉快而舒畅、悠闲而自在的。

冬

穆旦

导读

《冬》是一首感情明朗、主题鲜明的抒情诗，通过对冬的描写，凝聚和概括了诗人晚年的人生感受和思考。这里节选的是《冬》的第一章。此诗初稿在《诗刊》1980年第2期刊载时，每节最后一行均为“人生本来是一个严酷的冬天”。诗人曾将本诗寄给朋友，经杜运燮提议，认为如此复沓似乎“太悲观”，故改为不同的四行。

作者穆旦（1918—1977），中国当代诗人和翻译家。

我爱在淡淡的太阳短命的日子，
临窗把喜爱的工作静静做完；
才到下午四点，便又冷又昏黄，
我将用一杯酒灌溉我的心田。
多么快，人生已到严酷的冬天。

我爱在枯草的山坡，死寂的原野，
独自凭吊已埋葬的火热一年，

看着冰冻的小河还在冰下面流，
不知低语着什么，只是听不见。
呵，生命也跳动在严酷的冬天。

我爱在冬晚围着温暖的炉火，
和两三昔日的好友会心闲谈，
听着北风吹得门窗沙沙地响，
而我们回忆着快乐无忧的往年。
人生的乐趣也在严酷的冬天。

我爱在雪花飘飞的不眠之夜，
把已死去或尚存的亲人珍念，
当茫茫白雪铺下遗忘的世界，
我愿意感情的激流溢于心间，
来温暖人生的这严酷的冬天。

写作学习

全诗共四节，按照从下午到深夜的次序展开，每节都以“我爱……”的句式领起，以充满感叹的“……严酷的冬天”作结。这样的语式，就已经构成了明显的冲突。这种结构冲突深埋于诗人心底，预示着他不断探寻温暖，又不断面对困境的自我突围。

第一节写冬日静静做完喜爱的工作。“淡淡的”融合了视觉和感觉，既指光线淡，也指暖意薄。“静静做完”表现一种按部就班的从容，“又冷又昏黄”加重了沉郁，而“将用一杯酒”则是诗人在一个冬日里毫无激情的平淡平凡生活的写照。但冷不丁的一句“多么快，人生已到严酷的冬天！”一下子就将这看似平静的诗，带入情感的高峰。第二节写冬日的荒野，“枯草的山坡”“死寂的原野”“冰冻的小河”是冬日里常见的自然景色，也是看起来没有生机的画面。但诗人追怀的却是“火热一年”，他能够发现的，也是生命的“跳动”。

所以，这首诗并不是单一的色调，和“严酷的冬天”并存的是“人生的暖流”，两者相反相成，交叉渗透，体现了现实生活和作者感情世界的复杂性。

诗的第三节写冬夜生活的乐趣，“围着温暖的炉火”“和两三昔日的好友会心闲谈”“回忆着快乐无忧的往年”，对诗人来说是最可贵、最快乐、最温馨的情境。第四节写不眠之夜对亲情的珍念，诗人无法改变这世界，却以坚强的姿态对待自己的命运，对严酷的冬天进行抗争：“我愿意感情的激流溢于心间，来温暖人生的这严酷的冬天。”

诗人蓝棣之说：“在《冬》里一片交响音乐中，突出的调子是：生命跳动在严酷的冬天，渴望感情的热流的温暖……诗人的心灵真正开始复活了。这些诗也说明了穆旦诗一贯的内涵。”

冬天

朱自清

导读

在许多人的眼中，冬天是枯萎，是干涸，是冰天雪地的无奈和寂寞。然而真正热爱自然、热爱生活的人可能不这样看。朱自清的这篇文章，就通过叙写自己平凡而又寻常的三个生活片段，从不同的角度表现了人与人之间的亲情与友情。即使在最寒冷、最无情的冬日里，也会有最温暖、最深挚的感情回忆与缅怀。

说起冬天，忽然想到豆腐。是一“小洋锅”（铝锅）白煮豆腐，热腾腾的。水滚着，像好些鱼眼睛，一小块一小块豆腐养在里面，嫩而滑，仿佛反穿的白狐大衣。锅在“洋炉子”（煤油不打气炉）上，和炉子都熏得乌黑乌黑，越显出豆腐的白。这是晚上，屋子老了，虽点着“洋灯”，也还是阴暗。围着桌子坐的是父亲跟我们哥儿三个。“洋炉子”太高了，父亲得常常站起来，微微地仰着脸，觑着眼睛，从氤氲的热气里伸进筷子，夹起豆腐，一一地放在我们的酱油碟里。我们有时也自己动手，但炉子实在太高了，总还是坐享其成的多。这并不是吃饭，只是玩儿。父亲说晚上冷，吃了大家暖和些。我们都喜欢这种白水豆腐；一上桌就眼巴巴望着那锅，等着那热气，等着热气里从父亲筷子上掉下来的豆腐。

又是冬天，记得是阴历十一月十六晚上。跟S君P君在西湖里坐小划子，S君刚到杭州教书，事先来信说："我们要游西湖，不管它是冬天。"那晚月色真好，现在想起来还像照在身上。本来前一晚是"月当头"；也许十一月的月亮真有些特别吧。那时九点多了，湖上似乎只有我们一只划子。有点风，月光照着软软的水波；当间那一溜儿反光，像新砑的银子。湖上的山只剩了淡淡的影子。山下偶尔有一两星灯火。S君口占两句诗道："数星灯火认渔村，淡墨轻描远黛痕。"我们都不大说话，只有均匀的桨声。我渐渐地快睡着了。P君"喂"了一下，才抬起眼皮，看见他在微笑。船夫问要不要上净慈寺去；是阿弥陀佛生日，那边蛮热闹的。到了寺里，殿上灯烛辉煌，满是佛婆念佛的声音，好像醒了一场梦。这已是十多年前的事了，S君还常常通着信，P君听说转变了好几次，前年是在一个特税局里收特税了，以后便没有消息。

在台州过了一个冬天，一家四口子。台州是个山城，可以说在一个大谷里。只有一条二里长的大街。别的路上白天简直不大见人；晚上一片漆黑。偶尔人家窗户里透出一点灯光，还有走路的拿着的火把；但那是少极了。我们住在山脚下。有的是山上松林里的风声，跟天上一只两只的鸟影。夏末到那里，春初便走，却好像老在过着冬天似的；可即便真是冬天也并不冷。我们住在楼上，书房临着大路；路上有人说话，可以清清楚楚地听见。但因为走路的人太少了，间或有点说话的声音，听起来还只当远风送来的，想不到就在窗外。我们是外路人，除上学校去之外，常只在家里坐着。妻也惯了那寂寞，只和我们爷儿们守着。外边虽老是冬天，家里却老是春天。有一回我上街去，回来的时候，楼下厨房的大方窗开着，并排地挨着她们母子三个；三张脸都带着天真微笑地向着我。似乎台州空空的，只有我们四人；天地空空的，也只有我们四人。那时是民国十年，妻刚从家里出来，满自在。现在她死了快四年了，我却还老记着她那微笑的影子。

无论怎么冷，大风大雪，想到这些，我心上总是温暖的。

写作学习

《冬天》这篇文章叙述了朱自清对冬日里人、事、景、物的温馨缅怀，从发生在作者身边的琐事中我们可以发现人性与人情的美。作者叙写了冬天里三件平凡的小事：一是父子四人在冬日里吃白煮豆腐，二是冬日的晚上和朋友一起游西湖，三是民国十年和妻子、儿女一起度过冬天。这三个片段，表面上是写他人对作者的挚情，实际上却是抒写作者对父亲、朋友、妻儿的挚情，炽热的泪浸泡着每一段回忆文字：文章淳朴的诗意，正来自这里。当时作者所处的现实世界是冷酷的，然而作者诗心并未泯灭。他依然执着地追求人世间最美好的情愫。“外边虽老是冬天，家里却老是春天”，人与人之间相濡以沫的人性与人情，像酒一般浓烈，像水一样晶莹。

文章结构洒脱而又严谨，三个片段一线贯通，情思缕缕，似断实连。文章乍看之下似不重文采，细品却文采斐然，这文采源于朴素，来自口语的本色和天然的韵味。

最完整的人格

李广田

佩弦先生离开我们已经整整七天了。在这七天之内，时时听到有人在谈论佩弦先生，也看到不少纪念佩弦先生的文字。至于我自己呢，却一直在沉默中，漫说要我自己提笔说话，即使有人向我问起佩弦先生的事，我也几乎无话可说。我在沉默中充满了伤痛。假如说话可以解除伤痛，我是应当说话的，然而我的话竟不知从何说起！

在别人的谈话中，以及在别人的文字中，大都提到佩弦先生是一个最完整的人。我觉得这话很对，但可惜说得太笼统。我愿意抑制自己的感情，试论佩弦先生的为人。

第一，佩弦先生是一个有至情的人。佩弦先生对人处事，无时无地不见出他那坦白而诚挚的天性，对一般人如是，对朋友如是，对晚辈，对青年人，尤其如此。凡是和朱先生相识，发生过较深关系的，没有不为他的至情所感的。你越同他交情深，你就越感到他的毫无保留的诚挚与坦白。你总感觉到他在处处为你打算，有很多事，仿佛你自己还没有想到，他却早已替你安排好了。他是这样的：既像一个良师，又像一个知友；既像一个父亲，又像一个兄长。他对于任何人都毫无虚伪，他也不对任何人在表面上表示热情，然而他是充满了热情的，他的热情就包含在他的温厚与谦恭里面。

正由于他这样的至情，才产生了他的至文。假如他不是至情人，他就写不出《毁灭》那样的长诗。假如他不是至情人，他更写不出像《背影》那样的散文。《背影》一书，出版于民国十七年，二十年来，一直是一般青年人所最爱读的作品。其中《背影》一篇，论行数不满五十行，论字数不过千五百言，它之所以能够历久传诵而有感人至深的力量，当然并不是凭借了什么宏伟的结构和华赡的文字，而只是凭了它的老实，凭了其中所表达的真情。这种表面上看起来简单朴素，而实际上却能发生极大的感动力的文章，最可以作为朱先生的代表作品，因为这样的作品，也正好代表了作者之为人。由于这篇短文被选为中学国文教材，在中学生心目中，“朱自清”三个字已经和《背影》成为不可分的一体。当朱先生逝世之后的第三天，我得到天津的来信。那写信人是一个中学的国文老师，他说：“其初，传言说朱先生去世了，简直不敢相信，因为在最近离平之前还看见朱先生，而且还听了先生很多勉励的话。及至跑到外边，看见一群小学生，在争着抢着地看一张当天的报纸，其中有一个惊叹着对我说：‘老师，作《背影》的朱自清先生死了！’我这才相信消息是真的，而且，看了小孩子们那种仓皇悲戚的神情，自己竟无言地落下泪来。”《背影》一文的影响于此可见，而且，我们也可以想象：有上千上万的幼稚心灵都将为这个

《背影》的作者而暗自哀伤的吧！在另一本散文集《你我》中，有《给亡妇》一文，那文字与《背影》自然迥异，然而它作为朱先生的至情表现则与《背影》相同。据一位教过女子中学的朋友说，她每次给学生讲这篇文字，讲到最后，总听到学生中间一片欷嘘声，有多少女孩子且已暗暗把眼睛揉搓得通红了。现在，我们翻开《你我》这本书，重读《给亡妇》的末一句。看到他低低地呼唤那亡妇的名字，写道：

我们想告诉你，五个孩子都好，我们一定尽心教养他们，让他们对得起死了的母亲你！谦，好好儿放心安睡罢，你。

我们的心立时就软弱了下来，立时就感到黯然，这文字中几个“你”字的安排，最足以表现了作者的情感，而我们也就很自然地想到朱先生身后的陈夫人和三个幼小的弟妹，以朱先生之至情，我们若千遍万遍地祝祷他“好好儿放心安睡罢”，不知道他可能紧紧地闭上眼睛吗？

第二，佩弦先生是一个最爱真理的人。其实，有至情，爱真理，原是一件事情的两面，因为，没有有至情而不爱真理的，也没有爱真理而无至情的。这情形，在鲁迅先生，在闻一多先生，都是同样的。凡是认识朱先生的，同朱先生同过事的，都承认朱先生是最“认真”的人，他大事认真，小事也认真，自己的私事认真，别人或公众的事他更认真。他有客必见，有信必回，他开会上课绝不迟到早退。凡是公家的东西，他绝不许别人乱用，即便是一张信笺，一个信封。学校里在他大门前存了几车沙土，大概是为修墙或铺路用的，他的小女儿要取一点儿去玩玩，他说不许，因为那是公家的。闻一多先生遗著的编辑，自始至终，他交代得清清楚楚。他主持清华大学中国文学系，一切事情都井井有条。凡比较重要的事项都要征询同仁的意见，或用开会方式尽情讨论。如无开会机会，他一定个别访问，把不同的意见汇集起来，然后作为定案。即便不必讨论的事情，拟办的或已办的，他大都告诉一声。这一切表现在日常生活中的认真精神，也正是他的热爱真理的一方面。没有一个爱真理的人而不是在处理日常事情上十分认真的，在朱先生，由于他的至情，由于他一贯的认真精神，他就自然地接近真理，拥抱真理。从抗战末期，以至最近，朱先生在思想上的变化是非常显著的，虽然由于体弱多病，像他自己所说的，他不能像年轻人那样迅速地进步，他说愿意给他较多的时间，他可以慢慢地赶上去，然而事实上他比青年人的道路走得更踏实，因为他的变化既非一步跨过，也非趑趄不前，走三步退两步，而是虚心自省，一步一个脚印地走上去的。他并没有参加什么暴风雨一样的行动，然而他对于这类行动总是全力支持的，最少也是在不知不觉中发生力量的，除了担心青年人有所牺牲外，他可以说并无什么顾虑。他也没有什么激昂慷慨的言论，然而就在他那些老老实实的讲演与文字中，真理已一再地放了光，而且将一直发光下去。

雪的回忆

初雪

［英］普里斯特利

导读

《初雪》以一种轻松活泼、诙谐幽默的笔调描写了初雪降临给世界带来的新奇变化、给人的新鲜感受，洋溢着温馨明朗、诙谐昂扬的情感，并且在结尾又加进去联想和议论，使文章具有了丰富的内涵。

作者普里斯特利（1894—1984），英国小说家、戏剧家、文学批评家。

罗伯特·林德先生曾经这样评过简·奥斯丁笔下的人物：“他们是这样一些人，在他们的生活中，稍微下点雪也会成为一件大事。”即便是冒着这样的危险，在这位诙谐而真挚的批评家面前成为又一个乌德·豪斯先生，我还是要坚持说，昨天夜里的那场雪确实是件大事。今天早晨我几乎跟那群孩子一样兴奋，我看见他们都趴在托儿所的窗边，凝望着屋外那神奇世界，不停地嚷嚷着，好像圣诞节突然又降临了。事实上，这场雪对他们和对我是同样奇异而迷人的。这是我们今年冬天在这里遇上的第一场雪，去年我在国外，下雪季节我正在热带受灼烤。因此，在我看来似乎真有一个世纪没有看过大地像这样奇妙地被雪覆盖起来。那还是去年在国外时，我遇到三个英属几内亚的年轻姑娘，她们刚刚结束了在英格兰的首次旅游归来。有两件事情给她们留下了极为深刻的印象：一件是伦敦大街上络绎不绝的人群，而且人们都互不相识（她们强调了这点，因为她们一直生活在一个小市镇上，那里的人都彼此熟悉）；再一件便是当她们在索莫西特的一个什么地方停留时，一天早晨醒来所发现的白雪皑皑的自然景色。她们是那样激动，那样快乐，全然不顾娴静的年轻女子们所有的那种矫饰，冲出屋子，在那白色闪光的空旷地里来回地跑，欢乐地在未被踩踏过的雪地上撒下了脚印，就像今天早晨那些孩子在园子里做的那样。

第一场雪不仅仅是件大事，而且还是一桩具有魅力的事件。你在一种世界中进入梦乡，可当你醒来时却处在另一个完全不同的世界中。如果这不是迷人的东西，那又该上哪里去寻找它们呢？这种隐秘性与奇异的寂寞使得事情变得更加神奇。如果所有的雪都一下子全从天上哗啦啦地倒下来，把我们在半夜里惊醒，那么事情便失去了它的神奇性了。雪花却在我们熟睡时，无声无息，一小时又一小时地轻轻飘下来。在紧闭着的卧室窗帘外，一个巨大的变化场面正在形成，正如有无数好心的小妖和精灵正在忙碌着。而我们却全然不知道，还在梦中翻身，打哈欠，伸懒腰。然而，这是一个多么离奇的变化啊！就好像你住的那所房子被扔到了另一块大陆上，甚至连根本没有触及的室内也显得变了样，每个房间都变得小了，更舒适了，好像有某一种力量正在企图把它们变成伐木人的小屋或是一间温暖舒适的圆木造的小房子。屋外，昨天的花园现在已变成一片白色闪光的平面。花园那边的村子已不再是你所熟悉的那一簇簇屋顶，却出现了一个德国古老童话中的小村庄了。你也不会感到吃惊，当你听说那里所有的人，戴眼镜的女邮递员、皮匠、退休了的小学校长以及其他的人，也都经历了古怪的像精灵般的人物，那些全供给你隐身帽与魔鞋的人们，你会感到你自己也不完全是昨天的你了。当所有这些都发生了变化，你怎能不变呢？一种古怪的骚动，一阵激动引起的轻微颤抖影响了整座房子，这跟出外作一次旅行所激起的那种感觉是相似的。孩子们当然都特别兴奋，甚至连成年人都闲待在那里，彼此交谈比往日都长，然后才坐下开始一天的工作。没有一个人会愿意离开窗口，就仿佛在船上时一样。

今天早晨我起床后，世界如同一个灰白和淡蓝色的冰冷窟窿。从窗外射进来的阳光显得非常的古怪，并且还打算把那些极为熟悉的事儿也变得古怪起来，例如洗脸、刮胡子、刷东西、穿衣服。随后太阳出来了，当我坐下用早餐时已是阳光灿烂，积雪被抹上了一层淡淡的玫瑰色。餐厅的窗户变成了一幅可爱的日本版画。屋外的那棵小李子树沐浴在阳光下，被染成淡玫瑰色的雪镶满了枝条，又非常巧妙地装点在树干上。一两个小时后，所有的一切都闪烁着白色和蓝色的寒冷光辉。世界又完全变了个样。那张小小的日本版画已完全消逝了。从我书房的窗户望出去，穿过花园，越过牧场，一直到远处那座矮矮的小山丘，地面如同一条长长的光带。天空是铁青色的，所有的树木现出许多黑色、不祥的形状。在整个景色中的确有着什么莫测的不祥之物。就仿佛我们紧接英格兰中心的可爱乡村已变成一片残忍的大草原了。似乎从那黑色的矮灌木丛中随时都会冲出一队骑兵，甚至可以听到象征暴力的武器发出的撞击声，远处的雪地被血染红了。这就是那种景色。

如今一切又变了。那光带已经不见了，没有留下一丝丝不吉祥的痕迹。雪却下得很大，大片大片的柔软雪花使你简直没法看清那条浅河谷的对面。屋顶变厚了，树木都压弯了枝条，茫茫大雪中，村子教堂顶上那只依然可辨的风信标已变成了汉斯·安徒生笔下的某个怪物了。我的书房是一间面对住宅的单独屋子，从这里可以看见那些孩子把鼻子压扁在育儿室的玻璃窗上，一阵儿歌的喧闹声掠过我的脑海，那是当我还是个孩子，鼻子紧贴在窗子上，望着飘飞的雪花时反复唱过的一首儿歌：

雪花，雪花，快快飘！
好像洁白的石膏，
苏格兰杀死白天鹅，
而把羽毛往这儿抛！

我估计这很可能是北方乡村用来降雪的一种咒语（因为那些灰色高地区域充满了巫术），尽管那些专家告诉我们，现在下的雪跟过去一样，但我们比他们知道得多，因为我想如今再也没有像过去那样多的孩子把他们的鼻子顶在窗子上唱着“雪花，雪花，快快飘！”

今天早晨，当我第一眼看到这陌生的白色世界时，我止不住也希望能多下几次雪，那样的话，英国的冬天会更像冬天了。那些没完没了，灰蒙蒙而又毫无特色的风风雨雨的日子将被好几个月的洁白的雪和一幅严霜闪烁的风景代替，我想，那该多让人高兴啊！我开始羡慕我的那些生活在美国东部和加拿大的朋友，他们每年都能期待到一个真正的冬天，而且知道下雪的日期以及那场雪将会留到春天来临不会被糟蹋成黑色的雪泥。

白雪、严霜。然而是个晴朗充满阳光的天空，空气像饼干一样酥脆——这对我来说确实是真正的幸福。但随后我便发现这对我们是不行的。不出一个星期我们就会对它感到厌烦。第一天过后，这种魅力便会消失，除了那毫无变化的白昼的刺眼闪光和冷酷无情的寒夜，其他什么也没有留下。令人销魂的倒不是雪，也不是如同铺满绒毯的世界，而是第一次降雪和那突然而又无声的变化。在这种多变和难以预料的风风雨雨的关系中出现了一个神奇的大事件。谁愿意把这种事物的状态换成一个不断重复的循环，一个被日历控制着的大地？人们都这么说，在别的国家有气候，而在我们英格兰却只有天气。没有什么要比气候更单调无味了，它只能成为那些科学家和疑病症患者的话题。但是天气却是我们大地上的克里奥帕特拉，而且毫无疑问，我们必须分享她那巨人般的情绪，应当永远谈论着她。我们定居在美洲、西伯利亚、澳大利亚——在那些地方，气候与日历之间只有一个固定的条约，别无其他——我们一定会因为失去了她的淘气，她任意的恶作剧，她的勃然大怒以及她突然的哭泣而感到遗憾。清晨醒来再也不会是一番奇遇。我们的天气也许是变幻莫测的，却没有我们人那么大的变化，它的多变只能与我们的无常相等罢了。阳光、风、雪、雨，在最初是那样地受欢迎，然而又是那样迅速地使我们厌倦。如果这场大雪延续一周的话，我将从心里感到讨厌，而要为它的迅速告退感到高兴。不过它的降临已成为一件大事。今天具有一种品格，一种气氛，这与昨天的情况是完全不同的，我已经经历了这一变化，感到自己也变得有点异样了，仿佛我正与新朋友们在一起，或者突然来到了挪威。一个人也许可以很轻易地花费五百镑去打碎心灵中那些冷漠的硬壳，但还不会有我今天早晨的感受深。这样看来，过一下简·奥斯丁笔下的一个人物的生活也还是有些东西可谈的。

（李苏苹　译）

写作学习

本文虽然写的是“初雪”，然而直接描写雪景的文字并不多，而多以侧面描写、对比、烘托等手法写自己的感受与联想，这样更便于抒情说理。

作者开篇便直接切入主题，写了第一场雪带给他的欣喜，通过几个热带姑娘的感受映衬出英国雪景的动人。下雪使人感到世界有所变化，能给人以新奇感和神秘感，这里作者采用童话般的语言将初雪带来的奇妙变化活灵活现地展现出来，颇具幽默感。在写景的过程中表达自己对于初雪降临的感受，孩子及成年人的兴奋之情也与作者的心境相吻合。

接下来写清晨起床后看见屋外的变化和对室内景物的影响，又由室内写到了远处的山峦、天空以及英格兰中心的乡村，视线越展越宽，联想越来越丰富。随着雪越下越大，雪中的景物又发生了变化。思绪拉回到现实世界，教堂的屋顶、孩子们的儿歌，又使作者产生对于往事的亲切温馨的回忆。时空变化中作者的不同心绪、感受及情思，都恰到好处地与景物吻合。

最后两段侧重于联想、议论，含蓄地表达出自己对于一些人生哲理的思考。

通过英国的冬天与美国、加拿大的冬天的对比，表达出对于“真正的冬天”的渴望，渴望看一直是洁白的雪、严霜闪烁的风景。接着急转直下，说明这样“对我们是不行的”，英国雪景的迷人之处正在于“多变和难以预料的风风雨雨”，如果一味单调地下雪，也会使人厌倦。这仿佛象征着一种人生境遇，人不能生活在一成不变的环境中，只有不断地变化才能吸引人。然而无论如何，初雪还是激动人心的，使人感受至深的。作者在结尾以幽默的笔调照应了开头，又一次突出了全文主旨。

总的看来，这篇散文立意深远，结构富有变化莫测的美感，语言轻松明快，富有生活气息，是一篇不落俗套的写景抒情之佳作。

雪

刘湛秋

导读

北方经常会见到雪，但南方则很难一见，所以期盼已久的南国的雪，给作者带了喜悦的心情与飞扬的思绪。

作者刘湛秋，1935年出生，当代著名作家、诗人。

南国的雪，我们分离得太久了。

那微带甜味的湿润，那使人快活的冷气，那彩色梦幻的飞旋，伴着我少年的轻狂，再也无法追寻。

没有暖气也没有炉子的小屋，铁一样寒冷的硬被子，都无法阻挡对雪的渴望，只要睁眼看见屋外白花花的光亮，那就像涌进来一股暖流，勾起难以抑制的温暖的心情。

雪，南国的松软美丽的雪啊！

它纷纷扬扬，比春天一树树的梨花还要美。这时，北风变得柔和了，吹着它，上下翻飞，轻轻地降落，使人能看清那六角的菱形，看到一个美丽的童话世界。

不知它是想依恋天空，还是想委身大地。它忽上忽下，是那样的轻盈而自由啊！忽然，它落进了我的颈脖，像个小绒毛，却又摸不到它，产生了甜甜的微痒。我伸出手来，它会安静地落到我的掌心，在我的钟情的眼睛里，慢慢地消失了它的身影。有时候，真愿意伸出舌头，希望能接到一片雪花，那淘气的愉快里绽开了多少天真的梦。

雪，南国的松软美丽的雪啊！

忽然，我像一下子变成熟了，往往放弃堆雪人、打雪仗的乐趣，却愿意宁静地默默地走去，翻过废弃的铁路线，来到郊外，默视着广袤的天空和田野。所有的污秽和荒凉全遮掩了，只有雪，白花花的、纯净的雪。这大自然创造的最精美的白色拥抱了田野、山岗、房屋和树林。偶尔由于风的吹动，越冬的树和菜斑斑点点闪着一点新绿。

这时，眼睛和心变得多么亮，多么舒展。美丽的维纳斯仿佛就在你的身边，对着你微笑。所有的幻想都会脱颖而出，飞向雪的地平线，开出白色的花朵。

雪，南国的松软美丽的雪啊！我们分离得太久了，也许我还能追寻那没有污染的洁白，幼稚却纯真的梦幻，和那寒冷中的温暖？

写作学习

南国的雪是难得一见的雪，所以作者说“我们分离得太久了”，记忆中的雪，是“微带甜味的湿润”，是“使人快活的冷气”，还有“彩色梦幻的飞旋”，这是少年轻狂时代的雪，已经无法追寻。而现在，即使“没有暖气也没有炉子”，硬被子像“铁一样寒冷”，只要看到雪，内心就涌进了暖流——对雪的渴望，就是这么深沉。

南国的雪，终于纷纷扬扬，作者看到了美丽的童话世界。他伸出手，甚至伸出舌头，希望接住雪，“那淘气的愉快里绽开了多少天真的梦”。接着，作者走向更广袤的天地，饱览这白花花的世界，“眼睛和心变得多么亮，多么舒展”，他变得宁静，忘却尘俗。

这是一首优美的散文诗，作者尽情地挥洒着对于南国的雪的喜爱之情，也用这种喜悦情感的释放感染着我们。

咏雪

南朝梁·吴均

导读

这是一首五言古诗，描写了江南特有的细雪。全诗前面写雪景，细致入微，后两联突发伤怀之情。“不见杨柳春，徒见桂枝白”，诗人盼春而春不至，表达了对当时政治黑暗、社会动荡、自己生不逢时的感喟。

作者吴均（469—520），字叔庠，南朝梁文学家、史学家。

微风摇庭树，细雪下帘隙。
萦空如雾转，凝阶似花积。
不见杨柳春，徒见桂枝白。
零泪无人道，相思空何益。

微风轻摇着庭院中的树木，细细的飞雪落入竹帘的缝隙。飘舞在空中像雾一般转动，凝结于台阶似落花堆积。

看不见杨柳发芽迎春，只可见桂枝堆满白雪。伤心泪下无人可诉，这般相思又有何益?

- 萦空：在空中萦绕、飘动。此处是写雪花凌空盘旋之姿。
- 凝阶：凝结于台阶。
- 杨柳春：指杨柳发出绿叶。
- 桂枝白：指桂枝上的积雪。
- 零泪：落泪。
- 道：诉说。

写作学习

首联写风摇庭院之树，“细雪”与“微风”相应，都具有江南雪景的特点。第二联写雪萦绕于空中，如雾一样回转不定，这种状态唯“细雪”才能有。因其“细”，故能“萦空”；因其“细”，故“如雾”。“凝阶”与“萦空”相对，台阶上的雪凝积如花。这两联，写的是诗人立于屋内望向庭院中所见的雪景。

第三联看似依然写雪景，实则已经渗入了诗人的情感思绪。“杨柳春”是想象中的春天之景，是虚写；而“桂枝白”是眼前玉树琼枝之冬景，是实写。“不见”与“徒见”形成鲜明的反衬，透露出诗人伤怀思春之情。这一联是由写景转入抒情的关键。

最后一联就直接展现诗人自我了。“零泪”是伤怀的表现。有感却无人可以倾诉，故自责多情若此实为无益。以此二句表现诗人的苦寂、孤独之感。

为什么突然“零泪”和“相思”呢？其实，我们从前面对雪景的描绘中，已然可以探知诗人的心曲。先有“似花积”，又有“不见杨柳春”，雪似花而非花，见非花之雪，不见春叶春花。可见，诗人的“相思”，就在于因似花之雪而引起的向往，在于对“不见”之春的盼望。

我沿着初雪漫步

［苏联］叶赛宁

导读

诗人用细腻的笔触描绘了一幅俄罗斯冬日田园诗般的风景画，画面上有天空、星星、白桦、柳树，有森林和白雪覆盖的原野……此诗唱出了诗人那充满幻想色彩、无忧无虑而又饱含着隐秘的激动的心声。

作者叶赛宁（1895—1925），沙俄时期到苏联时代的重要诗人。

我沿着初雪漫步，
心中的力量勃发像怒放的铃兰，
在我的道路上空，夜晚
把蓝色小蜡烛般的星星点燃。

我不知道那是光明还是黑暗，
密林中是风在唱还是公鸡在啼。
也许田野上并不是冬天，
而是许多天鹅落在了草地。

啊，白色的镜面的大地，你多美！
微微的寒意使我血液沸腾！
多么想让我那炽热的身体，
去紧贴白桦袒露的胸襟。

啊，森林的郁郁葱葱的浑浊！
啊，白雪覆盖的原野的惬意！
多想在柳树的枝杈上，
也嫁接上我的两只手臂。

（刘湛秋　译）

写作学习

诗人在初雪的原野上漫步，大自然那令人心醉神迷的景色激起了诗人一种感奋的力量。作者以“怒放的铃兰”来比喻这力量的勃发，新奇而贴切。诗人又给那可爱的星星涂上他最喜爱的蓝色，使画面具有了一种梦幻般的色彩。明灭可见的星星与雪后的大地相映生辉，诗人分不清“是光明还是黑暗”；密林深处传来了天籁之声，诗人分不清“是风在唱还是公鸡在啼”；看着那轻灵而温暖的白雪，诗人联想到“是许多天鹅落在了草地”。这些点睛之笔，使大自然中到处都有生命的律动。诗人热血沸腾，心中涌起了要拥抱大自然的强烈愿望。在这广大无边的大自然面前，诗人异想天开，想伸出自己的“两只手臂”，嫁接在“柳树的枝杈上”，和大自然融为一体，加入宇宙生命的大合唱。

这是一首关于自然、生命的赞歌，是一幅俄罗斯大地的风景画。诗人寓情于景，依景生情，充分施展了他的抒情天分。全诗语言清新隽永，想象奇巧，意境深远。

叶赛宁从小生活在广袤无垠的俄罗斯中部原野，纯净的心灵深受故乡大自然的陶冶和启迪，滋生出了对大自然深挚的爱。他因善于歌颂俄罗斯田园诗般的大自然而被誉为“俄罗斯最伟大的抒情诗人”。

雪落在中国的土地上

艾青

导读

此诗创作于1937年12月28日夜间。那是一个民族受难的冬夜，一个千百万无家可归者不眠的冬夜。在如此的寒夜，诗人以个人的生命承受着整个民族的悲哀。诗人自知在那没有灯光的夜晚，他所能做的，只是吟几句无力的诗句，但他希望以自己无力的诗句给受难中的人民“些许的温暖”。

雪落在中国的土地上，
寒冷在封锁着中国呀……

风，
像一个太悲哀了的老妇，
紧紧地跟随着
伸出寒冷的指爪
拉扯着行人的衣襟，
用着像土地一样古老的话

一刻也不停地絮聒着……

那从林间出现的，
赶着马车的
你中国的农夫
戴着皮帽
冒着大雪
你要到哪儿去呢？

告诉你
我也是农人的后裔——
由于你们的
刻满了痛苦的皱纹的脸
我能如此深深地
知道了
生活在草原上的人们的
岁月的艰辛。

而我
也并不比你们快乐啊
——躺在时间的河流上
苦难的浪涛
曾经几次把我吞没而又卷起——
流浪与监禁

已失去了我的青春的
最可贵的日子，
我的生命
也像你们的生命
一样的憔悴呀

雪落在中国的土地上，
寒冷在封锁着中国呀……

沿着雪夜的河流，
一盏小油灯在徐缓地移行，
那破烂的乌篷船里
映着灯光，垂着头
坐着的是谁呀？

——啊！你
蓬发垢面的少妇，
是不是
你的家
——那幸福与温暖的巢穴——
已被暴戾的敌人
烧毁了么？
是不是
也像这样的夜间，

失去了男人的保护，

在死亡的恐怖里

你已经受尽敌人刺刀的戏弄？

咳，就在如此寒冷的今夜，

无数的

我们的年老的母亲，

都蜷伏在不是自己的家里，

就像异邦人

不知明天的车轮

要滚上怎样的路程……

——而且

中国的路

是如此的崎岖

是如此的泥泞呀。

雪落在中国的土地上，

寒冷在封锁着中国呀……

透过雪夜的草原

那些被烽火所啮啃着的地域，

无数的，土地的垦殖者

失去了他们所饲养的家畜

失去了他们肥沃的田地

拥挤在
生活的绝望的污巷里：
饥馑的大地
朝向阴暗的天
伸出乞援的
颤抖着的两臂。

中国的苦痛与灾难
像这雪夜一样广阔而又漫长呀！
雪落在中国的土地上，
寒冷在封锁着中国呀……

中国
我的在没有灯光的晚上
所写的无力的诗句
能给你些许的温暖么？

写作学习

“雪落在中国的土地上，寒冷在封锁着中国呀……”这两句诗的反复咏叹，烘托和渲染了祖国的苦痛和人民的灾难，不仅使全诗笼罩着一层悲凉忧郁的气氛，而且诗人的情感也得到淋漓尽致的展现，形成一种回环的美感。

诗中叙述了中国当时在日本帝国主义铁蹄下的现实处境，可谓字字悲凉、声声啼血，诗人把自己的命运与赶马车的农夫、蓬发垢面的少妇联系起来，表现一个民族共同的“苦痛与灾难”，情感凝结在“雪落在中国的土地上，寒冷在封锁着中国呀……”这两句诗中。

诗人艾青不像有些诗人那样冷静地审视对象，他的诗往往燃烧着生命的热情，从而极富感染力。这首诗揭示了“中国的苦痛与灾难，像这雪夜一样广阔而又漫长”的主题，展现了诗人对祖国和人民命运的关注和忧心。

为人民的命运而歌唱

骆寒超

薄雾在散去，院子里有几朵蔷薇花开得红艳艳的：我们的世界正是春天。

可他走了。

一个用心灵征服了阴冷世界的人，把春天留给他所挚爱的人民，悄悄儿走了……

盖棺论定，也该是时候了。

在悼念的日子里，在追思的年月中，他两次向我提及的话，一再在我的心儿里回荡："你为研究我的诗，像我一样吃了不少苦！现在总算都在好起来了。我有个要求，不要把我比来比去，能不能为我找一找贯穿我一生的是怎么一条线？"

我想起和艾青第一次见面时的一段交谈。

那是1980年8月1日下午，在他史家胡同的寓所里，我们交谈了足足3个小时。当他讲到流放时期全国和世界各地有许多人在打听他的下落，关怀他的遭遇时，他拿出了一大堆报刊、书信，激动地说："我不过是一个普普通通的写诗的人，像工人开机器、农民种田一样，为什么在这个世界上会有那么多人惦记我，在我最困难的时候还不时给我写信安慰我呢？每当想起这个世界上有那么多人一直信赖我，像亲人一样盼望着我，我为人民的命运而歌唱，即使再背上十字架，又有什么可犹豫的呢？"

我又想起艾青作品国际研讨会闭幕式上他的答谢词：

"不要把我捧得很高，也不要把我贬得很低。写诗是没有荣誉可言的，农民种地，他们在稻谷上留下名字了吗？……我既不是身经百战的将军，也不是倾国倾城的美女，我的一生平淡无奇。对我最高的颂扬，莫过于我是人民的儿子。"

我也想起60年前他写的《诗论·服役》一章的第三节里的话：

"不对人类命运发出空洞的预言，不以先知者的口吻说：'你们都跟我来！'而是置身在探求出路的人群当中，共呼吸，共悲欢，共思虑，共生死，那样才能使自己的歌成为发自人类的最真实的呼声。"

我更想起1988年3月他在给韩国学者柳晟俊的信里的一段话：

"我一生坎坷，但是我的信念从未动摇过。我始终和人民在一起，为在人类的心灵里播散对自由的渴望与坚信的种子而歌唱！"

伴随着记忆中他的这些话而来的，是他人生历程中的一个个镜头：

童年的他，一次次从"生我的家"里溜出去，把自己画得大红大绿的关云长像贴在乳娘大堰河的灶头，乳娘抱着他笑了，他也笑了。这里才是他的家——因为他身上流着的是土地耕植者的血液。

1928年暮秋，杭州栖霞岭下，西溪河边，学画的他神情专注地在写生：阴暗的天，残破的茅屋，泥泞路上走着的农夫……

巴黎，圣约克街61号，反帝大同盟东方部的集会中，留学生的他和其他被压迫民族的青年在一起，紧握拳头嘶喊着：要民族平等，要人类自由。

30年代的上海。阴暗的牢房，铁窗，欲雪的天空。他面对微弱的囚灯，噙着眼泪，想着乳娘的荒坟，想着世界上所有像乳娘一样的不幸者，想着，想着……写出了《大堰河——我的保姆》。

全民抗战的岁月，风雪的深宵，流离失所的人民徘徊在陇海路沿线。他以悲哀浸融着的心，写出了《雪落在中国的土地上》《北方》《手推车》《乞丐》……而在中国人民保卫大武汉的精神振奋中，他又高唱起《向太阳》。

宝塔山下，延河边，他看着有了土地的农民、奔向前线的战士，庄严的情思油然而生，写下了《雪里钻》《野火》。

当诗人的乌托邦之梦破灭，古尔班通古特荒原以风沙和地窝子组建了他人生旅途的新家，他却欣慰于和扎根边疆的农垦战士——淳朴、顽强的劳动人民呼吸在一起，迫使沙漠退却……“迷人的春天”又来到中华大地，中国人民迎来第二次解放，他也唱起了“归来的歌”。那是一批“光的赞歌”！可是，当他幻听到中国的深宵有一个女人的幽灵发出凄厉的声音，当他看到雨霏霏的原野上农民还在田里艰辛地劳动，“光中也有暗”的心境使他禁不住吟出这样的诗句：“为什么……／为什么……／我的心还是这般忧郁？”

于是，他唱起了“面向海洋”的新歌，让心灵继续奔波在“永远不会到达的旅途中”，去寻求这个世界上亿万人民的乌托邦……

…………

此刻，《诗论》翻开在案头，《服役》的第三节在我的视线里，往事的幻象还重复着在闪现……猛然我心头一亮，仿佛觉得自己已推开一扇可通往神圣境界的门。我进去了，恍若看到那条艾青一再要我寻找的线，竟然蜿蜒地伸展在世纪的原野之上，两边是无数的人群，呐喊着，挥舞着铁锹，在向前迈进；而有一个人正紧跟着大众的脚步，在顽强地迈进。他“置身在探求出路的人群当中”，怀着誓与他们共呼吸，共悲欢，共思虑，共生死的诚意和决心，一边走，一边吹着号角……

原来，贯穿艾青一生的那一条线，就是至死不渝地忠实于人民，为人民而歌唱！

心灵的四季

吹动心灵的四季

[法] 塞维涅夫人

导读

四季会在每个人的心里留下不同的声音和色彩，而在本文中，四季始终与一种惊喜和深深的体味联系在一起。这是17世纪法国的一位贵妇人写给自己孩子的信，信中描绘了自己经历的四季景色。作者富有文学才华，娓娓道来中不只有深厚炽烈的感情，还有敏锐的观察和冷静的针砭，行文明白晓畅，用词讲究。塞维涅夫人的作品在法国文学史上一直享有盛名。

作者塞维涅夫人（1626—1696），法国书信作家。

春天：我心爱的孩子，这封信是为了告诉你，如果你想详细了解什么是春天，应该来请教我。从前，我对此只知道一些表面的东西，今年我进行了仔细的观察，一直到最细微的端倪。你认为一周来树木是什么颜色？你回答吧。你会说："绿色。"完全不对，是红色。树上长满随时准备绽开的幼芽，它们是地地道道的红色。不久，每个嫩芽都变成一片嫩叶，但由于出叶时间先后不一，结果呈现红绿相间的非常姹嫣的混杂。我们瞪大眼睛看着这些树吧；我们可以下很大的赌注——但输了不必付钱——这条路两旁的树木两小时后都将变成绿色；如果你不信，我们就打赌吧。变魔术有一套程式，而山毛榉另有一套。总之，人家在这方面可能知道的东西我都知道了。（1690年4月5日于岩石堡）

秋天美丽的色调：我到这儿来是为了度过晴朗的季节并且同树叶告别。树叶还没有掉下，只是变了颜色：它们现在不是绿的，而是金黄的，而且是绚烂缤纷的金黄色，构成一幅华丽的金色织锦；即使为了变换口味，我们也会觉得这比绿色更加美丽。（1677年11月3日于利弗里）

我依依不舍地离开这里，我的女儿，田野还是美丽的。那条林荫道和两边被毛虫蚕食过现在又重新长出叶子的树木，比起春天来更加葱茏；大小篱笆被秋天五彩缤纷的色调装点着，成了画家们心爱的素材；树的叶子有点稀疏了，但人们毫不因为树叶上斑痕累累而感到惋惜：田野的风光大致还是动人的，我独自用阅读来消磨时光；如果我在这儿感到烦闷，那同我在任何地方感到烦闷一样，是因为你不在我身边。我不知道我在巴黎有什么事可做，那儿没有任何吸引我的东西。我在那儿感到很不自在；可是善良的修道院院长说有几件事要处理，而这里已经一切都安排妥当了；那么就去吧。这一年确实过得相当快；可是我同你的感觉完全一样：九月份特别长，仿佛有整整六个月那么长。（1679年11月2日于利弗里）

冬季的天空：我的女儿，一直到圣诞节前夕，我们这儿都阳光灿烂。那么，我在林荫道尽头散步，欣赏夕阳的景色；蓦然，我看见两旁升起诗意盎然的乌云和铺天盖地的浓雾，我立即逃遁了。直到今天，我都待在房间或小教堂里，足不出户；可是现在，鸽子已经衔来了橄榄枝：大地恢复了秀色，太阳又从它的巢穴里钻出来了。因此我又重新出来散心了。我非常亲爱的孩子，既然你关心我的健康，你可以相信，如果天气恶劣，我会留在炉火边看书、同我儿子和媳妇聊天的。（1689年12月于岩石堡）

格里南的冬天：肖尔南夫人来信说，这儿阳光灿烂，我一定是无比幸福的；她以为我们这儿天天都是明媚的春光。唉！我的表兄，我们这儿比巴黎还要冷一百倍；我们受到各种风的侵袭：有南风，有北风，还有别的什么鬼风，个个争先对我们肆虐。它们之间争来斗去，看谁有此荣幸能把我们禁锢在房间里；所有的河流都结冰了；罗讷河，这条汹涌湍急的罗讷河，也屈服了；我们桌上的墨水瓶冻结了，我们冻僵的手指不能执笔；我们周围的土地覆盖着皑皑白雪，寒气逼人；群山由于超绝的寒峭变得景色迷人；我日日盼望有一位画家能够把这令人畏惧的壮丽景色描绘出来：这就是我们目前的处境。你把这些话转告给肖尔南公爵夫人吧，不然她仍然以为我们在这儿打着阳伞、踏着青草、在橘子树下漫步哩。（1695年2月3日于格里南）

（程依荣　译）

写作学习

阅读在此文须留意作者对四季变换的细致描写。在春天，她惊喜地看到“树上长满随时准备绽开的幼芽，它们是地地道道的红色”。她还预告一个消息：“这条路两旁的树木两小时后都将变成绿色。”在秋天，她会去同树叶告别，看到绚烂的秋色在自己的周围，大小篱笆被五彩缤纷的色调装点着。在冬天，她在林荫道尽头散步，欣赏夕阳。当“两旁升起诗意盎然的乌云和铺天盖地的浓雾，我立即逃遁了”。在另一个寒冷的冬天里，她写道：“我们桌上的墨水瓶冻结了，我们冻僵的手指不能执笔；我们周围的土地覆盖着皑皑白雪，寒气逼人。”但是，即使这样苦寒的时日，她也没有停止对美的寻找和欣赏。她笔锋一转，写道：“群山由于超绝的寒峭变得景色迷人；我日日盼望有一位画家能够把这令人畏惧的壮丽景色描绘出来。”

总览全篇，我们领略了四季不同的美丽景色，作者那优雅细腻的语言、那颗沉浸于四季变换之中的心灵，也给我们留下了深刻的印象，启发着我们去留心周围的四季，来照亮我们忙碌的心灵。

我的四季

张洁

导读

这篇散文创作于1981年。第一段点明生命犹如四季，四季犹如人生。第二到十四段阐述生命的播种、艰辛劳作、收获与反思，并向读者交代自己对人生历程的感悟。作以过来人的身份细数生命四季的种种经历和痛苦，其中不乏在磨难中总结出的人生经验。全文意象鲜明，语言生动，细腻深挚，优雅淳美。本文曾入选多种语文教材。

作者张洁（1937—2022），当代作家。

生命如四季。

春天，我在这片土地上，用我细瘦的胳膊，紧扶着我锈钝的犁。深埋在泥土里的树根、石块，磕绊着我的犁头，消耗着我成倍的体力。我汗流浃背，四肢颤抖，恨不得立刻躺倒在那片刚刚开垦的泥土之上。可我懂得我没有权利逃避，在给予我生命的同时所给予我的责任。我无须问为什么，也无须想有没有结果。我不应白白地耗费时间，去无尽地感慨生命的艰辛，也不应该自艾自怜命运怎么不济，偏偏给了我这样一块不毛之地。我要做的是咬紧牙关，闷着脑袋，拼却全身的力气，压到我的犁头上去。我绝不企望有谁来代替，因为在这世界上，每人都有一块必得由他自己来耕种的土地。

我怀着希望播种，那希望绝不比任何一个智者的希望更为谦卑。

每天，我望着掩盖着我的种子的那片土地，想象着它将发芽、生长、开花、结果。如一个孕育着生命的母亲，期待着自己将要出生的婴儿。我知道，人要是能够期待，就能够奋力以赴。

夏日，我曾因干旱，站在地头上，焦灼地盼过南来的风，吹来载着雨滴的云朵。那是怎样地望眼欲穿、望眼欲穿哪！盼着、盼着，有风吹过来了，但那阵风强了一点，把那片载着雨滴的云吹了过去，吹到另一片土地上。我恨过，恨我不能一下子跳到天上，死死地揪住那片云，求它给我一滴雨。那是什么样的痴心妄想！我终于明白，这妄想如同想要拔着自己的头发离开大地。于是，我不再妄想，我只能在我赖以生存的这块土地上，寻找泉水。

没有充分地准备，便急促地上路了。历过的艰辛自不必说它。要说的是找到了水源，才发现没有带上盛它的容器。仅仅是因为过于简单和过于发热的头脑，发生过多少次完全可以避免的惨痛的过失——真的，那并非不能，让人真正痛心的是在这里：并非不能。我顿足，我懊悔，我哭泣，恨不得把自己撕成碎片。有什么用呢？再重新开始吧，这样浅显的经验却需要比别人付出加倍的代价来记取。不应该怨天尤人，会有一个时辰，留给我检点自己！

我眼睁睁地看过，在无情的冰雹下，我那刚刚灌浆、远远没有长成的谷穗，在细弱的稻秆上摇摇摆摆地挣扎，却无力挣脱生养它，却又牢牢地锁住它的大地，永远没有尝受过成熟是什么一种滋味，便夭折了。

我曾张开我的双臂，愿将我全身的皮肉，碾成一张大幕，为我的青苗遮挡狂风、暴雨、冰雹……善良过分，就会变成糊涂和愚昧。厄运只能将弱者淘汰，即使为它挡过这次灾难，它也会在另一次灾难里沉没。而强者会留下，继续走完自己的路。

秋天，我和别人一样收获。望着我那干瘪的谷粒，心里有一种又酸又苦的欢乐。但我并不因我的谷粒比别人干瘪便灰心或丧气。我把它们捧在手里，紧紧地贴近心窝，仿佛那是新诞生的一个自我。

富有而善良的邻人，感叹我收获的微少，我却疯人一样地大笑。在这笑声里，我知道我已成熟。我已有了一种特别的量具，它不量谷物只量感受。我的邻人不知和谷物同时收获的还有人生。我已经爱过，恨过，欢笑过，哭泣过，体味过，彻悟过……细细想来，便知晴日多于阴雨，收获多于劳作。只要我认真地活过，无愧地付出过。人们将无权耻笑我是入不敷出的傻瓜，也不必用他的尺度来衡量我值得或是不值得。

到了冬日，那生命的黄昏，难道就没有什么事情好做？只是隔着窗子，看飘落的雪花，落寞的田野，或是数点那光秃的树枝上的寒鸦？不，我还可以在炉子里加上几块木柴，使屋子更加温暖；我将冷静地检点自己：我为什么失败？我做错过什么？我欠过别人什么？……但愿只是别人欠我，那最后的日子，便会心安得多！

再没有可能纠正已经成为往事的过错。一个生命不可能再有一次四季。未来的四季将属于另一个新的生命。

但我还是有事情好做，我将把这一切记录下来。人们无聊的时候，不妨读来解闷，怀恨我的人，也可以幸灾乐祸地骂声：活该！聪明的人也许会说这是多余；刻薄的人也许会敷衍出一把利剑，将我一条条地切割。但我相信，多数人将会理解。他们将会公正地判断我曾做过的一切。

在生命的黄昏里，哀叹和寂寞的，将不会是我！

写作学习

本文在写作上，采取了“总一分”的结构模式。开篇第一句也是第一段，点明生命犹如四季。接着分写生命的四季：第二到四段，写生命的春季。阐述人在拥有生命的同时肩负了责任，应该去播种和艰辛地劳作。第五到八段，写生命的夏季。表达作者为实现理想而遭受磨难、希望战胜磨难做生命强者的愿望。第九到十段，写生命的秋季。收获的实物不多，但重要的是收获了快乐的过程。第十一到十四段，写到了生命的冬季，也不会有哀叹和寂寞，因为自己曾经耕耘过和努力过。

这篇散文的语言富有生活哲理，能够引发人们对人生的诸多思考。如“在这世界上，每人都有一块必得由他自己来耕种的土地”，说明一个人既然拥有了生命，他就有责任为自己的生命耕作，即对自己的生命负责。

全文紧紧围绕“生命如四季”这个中心，以“耕种土地”为主要意象，选取了四个具有典型性、形象性、连贯性的特写画面，认真描绘，强化细节，深入挖掘。表达生命在每个时期的追求、困惑以及体悟。意象鲜明，形象性、表现力强，语言生动。

四时

晋·陶渊明

导读

这是一首描写春夏秋冬四季景色的诗。虽然只有二十字，却以诗当画，用形象鲜明的文字勾勒出一组真实传神的四时风光画，创造出“诗中有画”的艺术境界。

春水满四泽，
夏云多奇峰。
秋月扬明辉，
冬岭秀孤松。

春天来了，活水溢满四周的水泽；夏天的云彩，变幻多姿，如奇异的峰峦。

秋月朗照，天地洒满明亮的光辉；冬日的高岭，一棵青松在严寒中展露生机。

- 四泽：指四面的河湖沼泽。
- 孤松：一作“寒松”。

写作学习

这首诗实写自然的景色，四句写了四季，四季则各有一景：春天的水泽，带来春回大地的消息；夏天的酷热，让诗人抬眼望向天空，那里有变幻莫测的云雾，如山峦起伏；秋天最令人难忘的，则是那明亮的月光；而到了严寒的冬天，则有一棵青松，在高高的山岭挺立。

这四句诗相互独立，每句诗中富有典型意义的场景，分别是一幅色彩鲜明的画，充分体现了诗人描摹自然的高超的技巧以及洞悉幽微的观察力，也展示出每个季节的勃勃生机与无限魅力，给人以积极的启示。

人的四季

［英］济慈

导读

诗人将自然界的四季与人生四季联系起来，将四季不同的特征，分别对应于人生中四种不同的阶段。但春夏秋冬这四个季节，不仅仅是对应一个人从青年到暮年的年龄阶段，更强调的是跨越年龄的人的心灵状态。

作者约翰·济慈（1795—1821），英国历史上最杰出的诗人之一，被后世推崇为欧洲浪漫主义的代表。

四个季节的轮回构成一年
人的心灵也包含四季时间
他有生机勃勃的春天，幻想如涌泉
美好的一切，尽在指间

他有自己的夏天，繁华无限
把春天采集的花蜜细细品鉴
他沉浸在思绪和梦想的甘甜

高高飞扬到天边

在秋天，心灵如港湾安恬
他收起了翅膀，以惺忪睡眼
闲看世事云烟，万事无挂牵
如不经意的小溪，悄然流经门前

他也会有冬天苍白的容颜
除非他违背自然安排，提前长眠

（石恢　译）

写作学习

“四个季节的轮回构成一年 / 人的心灵也包含四季时间”，很明显，本诗是将大自然季节轮回，与人的内心经历进行了对应，但其核心并不在人的一生不同的年龄段，而是人不同的心理状态。那么，诗人是如何描写人的这种不同的心灵状态的呢?

诗人以四季命名这四种心灵状态：“生机勃勃”“幻想如涌泉”的心灵状态，就是人的春天（这自然也符合青春年少时代的特征）；内心思绪飞翔、“繁华无限”的心灵状态，就是人的夏天（这也与人的壮年时代的特征相符合）；而平静安恬、看淡世事之际，则是人的秋天（符合人老年时代的特征）；当处于苍白无力的心灵状态中，就进入了人的冬天（这也是人生暮年的写照）。在这首诗中，诗人赞美青春年少时的美好，中年时的收获，老年时的安详。

一年四季

［苏联］普里什文

导读

本文选自普里什文的代表性散文集《林中水滴》。这部散文是普里什文创作成就的高峰之一，以笔记体为创作形式，用生动的文笔，记录了作者对林中王国各种美丽多姿的飞禽走兽、花草树木的细致观察和深切感受。

作者普里什文（1873—1954），苏联作家，他被誉为“世界生态文学和大自然文学的先驱”。

一年四季千变万化，其实除春、夏、秋、冬以外，世界上再没有更准确的分法了。

自然晴雨表

一会儿细雨蒙蒙，一会儿太阳当空。我拍摄下了我那条小河，不料把一只脚弄湿了，正要在蚂蚁做窝的土丘上坐下来（这是冬天的习惯），猛然发现蚂蚁都爬出来了，一个挤一个，黑压压的一群，待在那里，不知要等待什么东西呢，还是要在开始工作以前醒醒头脑。大寒的前几天，天气也很温暖，我们奇怪为什么不见蚂蚁，为什么白桦还没有流汁水。后来夜里温度降到零下十八度，我们才明白：白桦和蚂蚁从结冻的土地上，都猜到了天会转冷。而现在，大地解冻了，白桦就流出了汁水，蚂蚁也爬出来了。

最初的小溪

我听见一只鸟儿发出鸽子般的"咕咕"叫声，轻轻地飞了起来，我就跑去找狗，想证明一下，是不是山鹬（yù）来了。但是肯达安静地跑着。我于是回来欣赏泛滥的雪融的水，可路上又听见还是那个鸽子般"咕咕"叫的声音，并且一而再地听见了。我拿定了主意，再听见这响声时，不走了。于是慢慢地，这响声变得连续不断起来，而我也终于明白，这是在不知什么地方的雪底下，有一条极小的河流在轻轻地歌唱。我就是喜欢在走路的时候，谛听那些小溪的水声，从它们的声音里诧异地认出各种生物来。

亮晶晶的水珠

风和日丽，春光明媚。春鸟和交喙鸟同声歌唱。雪地上结的冰壳宛如玻璃，从滑雪板下面发出裂帛声飞溅开去。小白桦树林衬着黑暗的云杉树林的背景，在阳光下幻成粉红色。太阳在铁皮屋顶上开了一条山区冰河似的，水像在真正的冰河中一样在那里面流动着，因此那冰河便渐渐往后面退缩，而冰河和屋檐之间的那部分晒热的铁皮却愈来愈大，露出原来的颜色。细小的水流从暖热的屋顶上倾注到挂在阴冷处的冰柱上。那水接触到冰柱以后，就冻住了，因此早上的时候，冰柱就从上头开始变粗起来。当太阳抹过屋顶，照到冰柱上的时候，严寒消失了，冰河里的水就顺着冰柱跑下来，金色的水珠一颗一颗地往下滴着。城里各处屋檐上都一样，黄昏前都滴着金色的有趣的水珠。

背阳的地方还不到黄昏时，早就变冷了。虽然屋顶上的冰河仍往后退着，水还在冰柱上流，有些水珠却在阴影处的冰柱的末尾上冻结住，并且愈结愈多！冰柱到黄昏开始往长里长了。而翌日，又复艳阳天，冰河又复向后退，冰柱早上往粗里长，晚上往长里长，每天见粗，每天见长。

春装

再要不了几天，过那么一个星期，大自然便会用奇花异草、青葱的苔藓、细嫩的绿菌，把森林中这满目破败的景象掩盖起来了。大自然一年两度细心地打扮自己形容憔悴、恹恹待死的骨骼，着实令人感动：它第一次在春天，用百花来掩盖，免得我们再看见，第二次在秋天，用雪来掩盖。

榛子树和赤杨树还在开花，金色的花穗现在还被小鸟惹得飘下蒙蒙花粉来，但是毕竟物换星移，这些花穗虽活着，好时光却过去了。现在满目都是星星一般的蓝色的小花儿，娇俏妩媚，令人叹赏，偶尔也会遇见瑞香，一样有惊人的美色。

林道上的冰融化了，畜粪露了出来，数不尽的种子仿佛嗅到了它的粪香，从云杉果和松果里飞到了它的身上。

野樱花凋谢了

白色的花瓣纷纷落在牛蒡、荨麻和各种各样的绿草上，那是野樱花凋谢了。接骨木和它下面的草莓却开起花来。铃兰的一些花苞也开放了，白杨树的褐色的叶子变成了嫩绿色，出苗的燕麦像绿衣小兵一般散布在黑色的田野上。沼泽里的香蒲高高地站立着，在黑魆魆的深渊里投下了绿色的影子，一些小甲虫在黑色的水中飞快地转着圈子，浅蓝色的蜻蜓从一个绿茵茵的香蒲岛上飞到另一个岛上。

我在荨麻丛中的发白的小径上走着，荨麻的气味重得使我浑身发痒。成了家的鸫（dōng）鸟们惊叫着把凶恶的乌鸦赶离了自己的窝，赶得老远老远。一切都是很有趣的：无数生物的生活中的每一件小事，都说明着大地上和谐的生命运动。

第一只虾

雷声隆隆，雨下个不休，太阳在雨中露脸，一条宽大的虹从天的这边伸到那边。这时候野樱花开放了，一丛丛的野醋栗欹（qī）斜水面，也转绿了。第一只虾从一个洞中探出头来，微微动了一下触须。

春天的转变

白天，空中的一个高处挂着“猫尾巴”，另一个高处云块浮沉，有如一大队数不尽的船只。我们真不知道天会刮旋风，还是逆旋风。

到了傍晚，才都明显起来：正是在今天傍晚，梦寐以求的转变来到了，要从没有打扮的春天转变成万物翠绿的春天了。

原来我们到一片野生的森林中去侦察，只见云杉和白桦之间的草墩上残留着枯黄的芦苇，我们随即回想到了春天和秋天的时候，这片森林该是个怎样的不透阳光、无法穿越的隐僻冷落的去处。我们是喜欢这个隐僻的地方的，因为这里的森林中空气温暖宜人，万物春意深浓。想着想着，突然近旁水光闪了一闪，我们认出了那是涅尔河，于是欢欣若狂，直奔了河岸去，仿佛一下子到了另一个气候温暖的国度。这里的生活沸腾，沼泽上的百鸟争鸣不休，彩鹬、大沙雉发着情，好像小神马在阴暗下来的空中驰骋，琴鸡呼唤着伴侣，鹤几乎就在我们的身边发出喇叭的号令——总之这儿的一切都是我们所喜爱的，连野鸭也敢落在我们对面的澄清的水中。没有一点点人所带来的声音：既没有诱鸟的笛声，也没有发动机的嘟嘟声。

就在这个时刻，春天的转变来到了，草木茁长，百花争艳。

柳兰

转眼夏天到了，在森林的阴凉处，散发着像瓷一样白的“夜美女”的醉人芳香，而在树桩旁边，阳光强烈的地方，伫立着我们森林中的丰姿英俊的美男子——柳兰。

河上舞会

黄色的睡莲（萍蓬）在朝阳初升时就开放了，白色的要到十点钟左右才开放。当所有的白睡莲各个争奇炫巧的时候，河上舞会开始了。

旱天

大旱仍没有完。小河干透了，只留下些以前被水冲倒的当桥过河的树木，猎人追索野鸭时走出来的小路也还留在岸上，沙地上则有鸟兽的新鲜足印，它们根据老例到这儿来喝水。它们一定能在什么地方的小深水塘里找到水喝。

小白杨感到冷

在秋高气爽的日子里，云杉树林的边上聚集着幼小的各种颜色的白杨树，一棵挨着一棵，密密匝匝，似乎它们在云杉林中感到冷，伸到林边来晒太阳取暖。这真像我们农村里的人，也常出来坐在屋边土台上，晒太阳取暖。

落叶期

茂密的云杉林中出来一只兔子，它走到白桦树下，看见一片大空地，就停下了。它不敢径直走到空地对面去，只顺着空地的边，从一棵白桦到另一棵白桦绕过去。但在中途又停下来，侧耳细听着……要是在森林中怕这怕那的，那么在树叶飘落、窃窃私语的时候，就最好别去。那兔子一边听，一边老觉得后面有什么东西窃窃私语，偷偷地走近。当然，胆小的兔子也可以鼓起勇气，不去回头看，但这里往往有另外的情况：你倒不害怕，不受落叶的欺骗，可是恰恰这时有个东西，趁机悄悄地从后面把你一口咬住。

降落伞

连蟋蟀也听不见草丛中有自己同伴的声音，它只轻轻地叫着。在这样宁静的时候，被参天的云杉团团围住的白桦树上，一张黄叶慢慢地飘落下来。连白杨树叶都纹丝不动的宁静时候，白桦树叶却飘了下来。这张树叶的动作仿佛引起了万物的注意，所有云杉、白桦、松树，连同所有阔叶、针叶、树枝以及灌木丛和灌木丛下的青草，都十分惊异，并且问："在这样宁静的时候，那树叶怎么会落下来呢？"我顺从了万物的一致要求，想弄清那树叶是不是自己飘落下来，于是就走过去看。不，树叶不是自己飘落下来的，原来是一只蜘蛛，想降到地面上来，便摘下了它，做了降落伞：那小蜘蛛就乘着这张叶子降了下来。

星星般的初雪

昨天晚上飘下了几片雪花，仿佛是从星星上飘下来的，它们落在地上，被灯光一照，也像星星一般烁亮。到早晨，那雪花变得非常娇柔：轻轻一吹，便不见了。但是要看兔子的新足印，也满够了。我们一去，便轰起了兔子。

今天来到莫斯科，一眼发现马路上也有星星一般的初雪，而且那样轻。当麻雀落在上面，一会儿又飞起的时候，它的翅膀上便飘下一大堆星星来。而马路上不见了那些星星以后，便露出一块黑斑，老远可以看见。

森林中的树木

一片皑皑白雪。森林中万籁俱寂，异常温暖，只怕雪都要融化了。树木被雪裹住，云杉垂下了沉重的巨爪，白桦屈膝弯身，有的甚至把头低到地上，形成了交织如网的拱门。树木就像人一样：云杉无论在怎样的压力下面，没有一棵会弯腰屈膝，而只可以折断，但是白桦，却动辄低头哈腰。云杉高耸着上部枝叶，傲然屹立，白桦却在哭泣。

在下过雪的静谧的森林中，戴雪的树木姿态万千，富于表情，你不禁要问："它们为什么互不说话？难道见我怕羞吗？"雪花落下来了，才仿佛听见簌簌声，似乎那奇异的身影在喁喁（yú yú）私语。

（潘安荣　译）

写作学习

散文《一年四季》妙趣横生，诗意盎然，不论是那些神奇的小动物蚂蚁、虾、蟋蟀、蜘蛛、兔子与麻雀，还是那些具有生命灵性的河流、水珠、树木、野樱花、浮云、柳兰、落叶与初雪，都让人感到纯净而温暖，充满了生趣和纯粹的美丽，总是能将自然最为生动迷人之处展现给我们。

值得注意的是作者在文中细致入微的写作手法，从中我们可以领略到作家对大自然四季瞬息变化的细致精确的观察和细腻的表现。比如独特的隐喻表现手法，作者写到“自然晴雨表”，真正所指的其实是那些能够感知天寒地暖的白桦等植物，蚂蚁等动物。还有以拟人化的写作方式，来表现树的不同性格，如作者写“云杉无论在怎样的压力下面，没有一棵会弯腰屈膝，而只可以折断，但是白桦，却动辄低头哈腰。云杉高耸着上部枝叶，傲然屹立，白桦却在哭泣”。

总之，普里什文主张“在自然中寻觅和揭示人的心灵的美”，他的作品主要描写的就是如本文这样的自然界的生活，他歌唱与大自然紧密联系的人的创造性劳动。他笔下的大自然，生机勃勃，色彩斑斓，令人心旷神怡。他的作品意境清新，语言优美，富有哲理，耐人寻味。

大自然的歌者

［苏联］康·巴乌斯托夫斯基

大自然对于悉心洞察它的生活并歌颂它的瑰丽的人，倘若能生感激之情的话，那么这番情意首先应该归于米哈伊尔·普里什文。

米哈伊尔·米哈伊洛维奇·普里什文，这是城里人称呼他的名字，而在普里什文感到像在家里一样的那些地方——巡林员的木房里，烟雾漠漠的河滩地，俄罗斯原野上低垂的云幕或灿烂的星汉下面，人家只称他为“米哈雷奇”。可想而知，一旦此人待在城里，人家便会怏怏不乐。而在城里，又只有巢居于铁皮房顶下的燕子，才能使普里什文回想起他的“仙鹤的故乡”。

普里什文的一生，是一个人如何摆脱碌碌世务，只“按心灵的吩咐”而生活的榜样。采取这种生活方式，是大有道理的。一个按照心愿、本着内心世界生活的人，可以永远是创造者、丰富人们精神生活的人和艺术家。

倘若普里什文依然当他的农艺师（这是他最初的职业），真不知道他一生中会有什么成就。无论如何，他未必能向千百万人揭示出俄罗斯大自然这个精美绝伦、光华熠熠的诗的世界。而他从事这一工作，简直目不暇接。大自然要求作家必须有专注的目光，必须不断地潜心思索，才能在自己的心灵中创造出大自然的所谓“第二世界”，而这个“第二世界”，便以种种思想丰富我们的头脑，以一个艺术家目睹的大自然之美来提高我们的精神境界。

如果把普里什文的全部作品细读一遍，就不能不相信，他独具慧眼所见到、所知晓的事，连百分之一都还未及讲给我们听。

对于普里什文这样的大师，对于能够为每一片从树上飘落的秋叶写出一部诗来的这些大师，只有一次生命是太少了。落叶纷纷扬扬，是不可胜计的。有几多叶片儿，离枝飘零，带走了作家未曾道出的思想啊！——那些思想，普里什文曾说如同秋叶一般，是会十分轻易地失落的。

普里什文是俄罗斯古城叶列茨人。蒲宁也是那一带人，他也完全如同普里什文一样，善于使大自然具有人的思绪和情怀的丰富色彩。

这该如何解释呢？其原因显然在于奥尔洛夫州东部的大自然，叶列茨周围的大自然，是地地道道俄罗斯的，是十分朴素而又贫瘠的。正是在大自然的这种特性之中，甚至在它的某种程度的严峻之中，隐藏着普里什文何以有一双作家的慧眼的谜底。因为朴素，故土的美色才更鲜明，人的目光才更敏锐，思想才更集中。

比起鲜艳夺目的华丽来，比起色彩的万紫千红，晚霞的五色斑斓，繁星的光辉熠熠，热带植物有如尼亚加拉大瀑布气势磅礴那样万枝竞秀、奇花烂漫来，朴素向一颗心叙说的种种，要更有感染力、更加丰富。

写普里什文是很不容易的。他的佳作，我们应该摘录在自己珍藏的小本子里，反复阅读，不断从每一个句子中发现新的瑰宝。深入他的作品之中，有如顺着依稀可辨的小径，去探访百草馥郁的密林，去探访密林中低吟浅唱的泉水，从中细细体会这位理智高洁、心地率真的人所特具的各种思想和心情。

普里什文自认为是个“钉在散文十字架上”的诗人。然而他错了。他的散文所含的诗的汁液，比起许多人的长长短短的诗来，要丰富得多。

普里什文的书，按他本人的话来说，是“经常有所发现的无穷的欢乐”。

有好多次，我见到一些人刚读完普里什文的书，放下来，不约而同地说：“这是真正的魔法！”

同他们进一步谈下去，我才明白他们所指的是普里什文那难以言传却又十分明显的他所独具的魅力。

他的魅力的秘诀何在呢？这些作品的秘密何在呢？“魔法”“神奇”这些字眼通常指童话而言。然而普里什文并不是童话作家。他是“生育万物的大地”上的人，是他周围世界一切变化的目睹者。

普里什文的魅力、他的魔法的秘密，正在于他有一双慧眼。

这双慧眼，善于在每一个隐微中洞悉有趣的东西，善于在周围现象令人生厌的外表下，窥见其中深刻的内涵。

普里什文的笔下，一切都闪着诗的光芒，犹如芳草擎着露珠，晶莹生辉。最不起眼的一片小小山杨树叶，也有它自己的生活。

（潘安荣　译）